Manual para irreverentes

Juan Diego Gómez Gómez

Manual para irreverentes

Secretos para una vida única y próspera

PAIDÓS EMPRESA

Obra editada en colaboración con Editorial Planeta - Colombia

© 2021, Juan Diego Gómez Gómez

Diseño de portada: Invertir Mejor SAS y Departamento de Diseño Editorial,
Editorial Planeta Colombiana
Fotografía del autor: © Invertir Mejor SAS

© 2021, Editorial Planeta Colombiana S. A. – Bogotá, Colombia

Derechos reservados

© 2021, Ediciones Culturales Paidós, S.A. de C.V.
Bajo el sello editorial PAIDÓS M.R.
Avenida Presidente Masarik núm. 111,
Piso 2, Polanco V Sección, Miguel Hidalgo
C.P. 11560, Ciudad de México
www.planetadelibros.com.mx
www.paidos.com.mx

Primera edición impresa en Colombia: mayo de 2021
ISBN: 978-958-42-9414-2

Primera edición impresa en México: junio de 2021
ISBN: 978-607-569-108-4

Impreso en los talleres de Impresora Tauro, S.A. de C.V.
Av. Año de Juárez 343, Col. Granjas San Antonio,
Iztapalapa, C.P. 09070, Ciudad de México
Impreso y hecho en México / *Printed in Mexico*

CONTENIDO

INTRODUCCIÓN

Si al igual que yo sientes que estás para mucho más de lo que has hecho, que no debes seguir dándole gusto a todo el mundo, ni preocupado por lo que digan los demás y, mucho menos, viviendo como otros quieren que vivas, este libro te puede ser muy útil. Aquí expongo un modo de vida único. Desde hace tiempo entendí que no podemos vivir una vida de minorías, quienes son las que más ganan y mejor viven, haciendo lo que hace la mayoría. Esas minorías piensan, sienten y hacen cosas diferentes. Que esas cosas encajen o no dentro de lo que se considera convencional les tiene sin cuidado. Y atención: no se trata solo de ser irreverentes y construir una vida propia, sino de mostrar cómo esa originalidad y rebeldía se traducen en un mayor progreso para ti y los tuyos. Eso siempre estuvo presente al escribir *Manual para irreverentes. Secretos para una vida única y próspera*. Siéntete con la plena libertad de bucear dentro

de unas páginas escritas con mística, determinación y timidez nivel cero.

Aunque bien podrías leer el libro sin un orden específico, empezando por cualquier capítulo, sugiero que lo
leas en orden para mejor comprensión. En el capítulo uno,
"Irreverencia y genio", te invito a que confrontes creencias
que, quizá, ya no debas conservar, pues podrían hacer más
lento tu progreso. Allí te propongo nuevos puntos de vista
para avanzar rápido. En el capítulo dos, el más corto, "Magia
y locura", te brindo pinceladas para abrazar la heterodoxia y
la genialidad, una vida poco convencional, salirte del estre-
cho espacio en el que nos sumergimos sin darnos cuenta. En el capítulo tres, "Las actividades de un irreverente",
te hablo de manera concreta de las distintas rutinas que
sugiero llevar a cabo para vivir una vida única, puestas al
fuego, no sin antes cuestionar la calidad de vida que tenemos y que, increíblemente, muchos llaman así, vida. No lo
es. Es supervivencia en estado puro. Solo eso. En el capítulo cuatro, "Riqueza material y abundancia", cuestionamos la
mentalidad asceta de muchos y su divorcio con la riqueza. Nos gusta el dinero. ¿Y qué? No hay nada malo en ello.
Como también te gusta, le damos una mirada a cómo conseguirlo con una manera de pensar y actitud única, genial e
indómita. En el capítulo quinto, "Irreverentes históricos y lecciones de vida", me ocupo de referentes históricos en temas
de irreverencia y cómo tal distinción les ayudó a vivir una
vida fascinante. Personas de distinto sexo, condición social y
nivel de estudio. Seres humanos que sortearon dificultades
y que entendieron que nunca era tarde para vivir un pasado

feliz. Que lo que les correspondió vivir solo era lo necesario para ser quienes llegaron a ser. Un capítulo fascinante, fácilmente, mi preferido. Por último, en el capítulo seis, hablo de "Oratoria y prosa", la magia de la palabra, secretos, cómo mejorarla y qué funciona. Un tema que, por mi actividad, he trabajado bastante y que te puede resultar útil para expresarte mejor, vender mejor, llegarle más a la gente.

Grosso modo, en eso consiste cada uno de los grandes temas. Ahora, frótate desde ya las manos, que viene algo bueno.

1.
IRREVERENCIA Y GENIO

———

En tiempos de impostores e hipocresía, no existe
verdad más grande que ser uno mismo, auténtico,
valiente e indómito. Gústele a quien le guste y cueste lo
que cueste, la vida misma, si ha de ser necesario.

Irreverencia

Irreverencia no es irrespeto. Irreverencia es decidir qué hago con mi vida, piensen los demás lo que hayan de pensar. La irreverencia necesita agallas y una gran voracidad por cumplir un objetivo: trascender, ser tú mismo, en épocas en las que dejar un legado valioso no es poca cosa. Ten mucho cuidado con algunos de los que te rodean, y allí incluyo a familiares y amigos, pues creen tener el derecho a manipularte, amparándose no sabemos en qué, para decirte lo que debes hacer y lo que no, lo que está bien y lo que está mal. Basta. No puedes caer en esa trampa por sentirte débil o inseguro, quizá, porque no cuentas hasta ahora con resultados exitosos que hablen por ti. Tu responsabilidad no es con el otro, sino contigo mismo. Tu compromiso no es con los demás, sino con tu futuro. Tu debate no es con un tercero, sino con el primero de la fila, tu ser esencial, la mejor versión tuya. Nadie tiene licencia para manipularte y, mucho menos, deberás flaquear o sucumbir ante la arremetida de un grupúsculo, llámese como se llame. Todo lo contrario. Ahí se probará tu temple, el nivel de valor que posees y el coraje que abrigas para defender tu felicidad. Si ante ellos, seres queridos, vacilas y no te yergues, no merecerás nada. Ni siquiera el baúl de los recuerdos te servirá de albergue, por tu tibieza y enanismo ante la historia.

Debes rebelarte, como se rebelan los robles ante la tempestad que los acecha, como se rebelan las velas ante el mar que arrecia, como se rebelan los heroicos ante el sufrimiento que llega, como se rebelan los púrpuras ante la crítica que no descansa.

Solo hay una forma de evitar la crítica según Aristóteles: "no decir nada, no hacer nada, no ser nadie". Jesucristo se rebeló, y lo hicieron Demóstenes ante su tartamudez, Mahatma Gandhi ante los ingleses, Winston Churchill ante los alemanes, Pablo Picasso y Charles Darwin ante sus padres, Gustav Klimt ante la sociedad vienesa, Nelson Mandela ante el *apartheid*, Margaret Thatcher ante los sindicatos, Richard Branson ante la dislexia, J. K. Rowling ante los editores, Steve Jobs ante IBM, Elon Musk ante los autos convencionales, Nick Vujicic ante su falta de brazos y piernas, y Mick Jagger ante el paso del tiempo y la palabra *viejo*. Hoy estoy seguro de que los recuerdas a todos o a la mayoría de ellos. Decididos, únicos, valientes, indómitos, locos, genios, universales, seculares, púrpuras. Suficiente ilustración. Ahora es tu turno. ¿Ante qué y ante quién te rebelarás? ¿Qué defenderás con tu vida misma? ¿Cuál es tu causa? Estaré ansioso por oírte y ver los resultados.

La irreverencia tampoco es grosería o burla. La irreverencia requiere inteligencia, sensibilidad y un fino sentido del humor. El irreverente no es una persona ordinaria o vulgar. Equivocados están los que piensan que irreverencia es inventar chismes, mentir o minar la honra de las personas con calumnias. Eso no es irreverencia.

La irreverencia es el sutil arte de emanciparse con elegancia y lucidez. La emancipación se produce ante lo que asfixia tu individualidad, ante lo que perjudique tus sueños, ante lo que altere tu espacio.

En el pasado, me he alejado paulatinamente de algunos escenarios, como ciertas redes sociales, por considerarlos vertederos de odios, recipientes de personas resentidas, con mínima o nula educación, que simplemente encuentran un lugar para desahogar su furia y frustraciones. Cuando se pierde la elegancia y cuando el genio aún no ve la luz, la grosería se impone y la diatriba se hace presente.

Mucho cuidado con la palabra *modestia*

¿Hasta qué punto la modestia es el resultado de temer al qué dirán? ¿Hasta qué punto la modestia sirve de camuflaje para aquellos que no han logrado nada? Cuando se destaca el logro de alguien, sin que ello signifique alardear, se activa un estímulo vital: el de aquel que carece de logros y ansía obtenerlos. Y no se trata de presumir o de vanidad. El alardeo irrita y difumina el mérito que existe. Sin embargo, el silencio no es mejor que él.

Observa cómo funciona la modestia en la práctica. Haces una presentación sencilla de ti mismo, tímida, y no indispondrás a nadie, no pasará nada. Si, por el contrario, haces una presentación enérgica, ambiciosa y ganadora, que muestra no solo lo que eres sino aquello en lo que estás dispuesto a convertirte, serás criticado, o, como mínimo, sujeto a sospecha por tu "soberbia y falta de humildad". Lo llamativo es que, a ojos de un ganador, de un ser púrpura o extraordinario, no eres ni soberbio, ni falto de humildad, ni nada parecido; eres, al contrario, una persona que en voz alta le está diciendo al mundo quién es, qué quiere y en quién está dispuesto a convertirse, páguese el precio que haya de pagarse.

El prisma con el cual mira la mayoría solo la refleja. Es una mirada mezquina, pequeña, que esconde la cabeza como los avestruces. Pero es que así son esas mayorías, las que viven con miedo, sin atreverse, las que dudan de subir el tono de su voz para no ser criticadas.

Me despiertan profundas sospechas aquellos seres humanos a quienes nadie critica, que parecieran no entrar en el radar de los comentarios, ni en los análisis que de uno u otro tema se hace. Son seres incoloros, que no se ven, etéreos, sin sabor ni brillo alguno. ¿Y sabes qué? Sí que tienen cosas buenas esos seres; pero aún no conocen la luz, por miedo, lo que equivaldría a no tenerlas. Son esas personas que siempre están pensando en el qué dirán los demás, en postergar, merced a las reacciones que pudiesen suscitar ante el más mínimo respiro. Parecen muertos, pero no lo están; al menos, eso nos dicen.

Es probable que tú como yo hayamos tenido muy cerca a personas humildes y superadas que nos prestaron invaluables servicios. Queremos a esas personas y, al solo evocarlas, nuestro corazón se inflama. No obstante, si cualquiera de ellas me hubiese dicho que renunciaba a esos servicios para buscar cumbres más altas y cumplir con su propósito de vida, aún más cariño les tendría. Ese sentimiento estaría sustentado en la admiración por aquel que, naciendo en condiciones adversas, se supera y es capaz de elevar el listón de lo que se augura sea su vida. Ni qué decir de los que tienen éxito y son humildes.

Qué grandeza tiene aquel que es capaz de ser humilde en la cima de la montaña y que, aun viendo todo lo que ve, nadie le resulta pequeño.

El más grande es el más humilde por una simple razón: pese a todo lo que ha conseguido, es capaz de albergar espacio para aprender más, recibir más, lograr más; ese espacio lo brinda la humildad. Imposible que un vaso reciba más agua si ya la rebosa. Humildad es reconocer que necesitamos ayuda, dar gracias a quienes nos han dado una mano en momentos difíciles y saber que nadie se hace solo; nadie se hace a sí mismo.

Actitud a prueba de fuego

Admiro a las personas que cuentan con una actitud granítica, indestructible y fuerte. Una vida espartana o muy austera me genera preguntas y sospechas. ¿Qué hay allí dentro? ¿Acaso tibieza de propósito? ¿Quizá miedos? ¿Estaremos hablando de complacencia o de una comodidad llevada al extremo? Tengo la libertad de visitar los antípodas de esas preguntas, los extremos. ¿Más bien se tratará de sabiduría, evolución y desapego? ¿Acaso estaremos siendo testigos de un maridaje de estoicismo y espíritu asceta? Si así fuere, no sabes cuánto lo respeto. Si, por el contrario, la frugalidad tuviera por génesis el miedo a pisar nuevas tierras, a probar un inédito fruto, a lograr lo aún no logrado, habré de reemplazar mi respeto por la condena.

El miedo engulle sueños, devora palabras, ahorra expresiones y hace parecer muerto a quien aún respira. Ufanarse de la pobreza no me parece gran mérito. Allí surge el temor y se oculta tras un velo el arrojo, que teme salir, que tiembla al imaginar la luz,

que estruja el ser y lo deja inmóvil. Si
no fuera porque parpadean, algunos
parecen más cadáveres que seres vivos.

Sorpresivamente, esas personas que se camuflan y rinden culto al mal llamado bajo perfil no despiertan aversión alguna y, de hecho, suelen gozar de una esparcida simpatía, pues no incomodan a nadie, sus palabras no desafían y sus posturas no retan. Ahí están, como el viento que no se ve o como el oxígeno que apenas se define. Van de aquí para allá y de allá para acá. Nacen, "crecen", se reproducen y solo a veces mueren, pues ya habían muerto desde hace mucho. Curiosamente, y para la historia, ese mismo día en el que dejan de respirar se da por cierta su muerte. Yo me pregunto si más bien la fecha de su partida no data del día en el que renunciaron por mandato de terceros a lo que podían acceder, disfrutar y lograr. Esa vida frugal, en la que abunda la austeridad y la renuncia, me estremece. Me invade un frío glacial, siento que se congela el tiempo y me hace dudar de si, al vivir esa vida, estoy o no muerto.

Te contaré una corta historia, una historia para probar, una vez más, el valor de la actitud y la determinación, del empeño y de los bríos, de la sangre que corre por tus venas como suero que te da vida. Es la historia de una persona que trabajaba conmigo como *trader*, hace ya algunos años, y a quien le dije: "Jorge, revisa estos informes previos a la divulgación de una noticia importante que tendremos en cuenta mañana a las 3:30 a. m. para decidir si compramos o vendemos euros". Él lee los informes, y me dice: "Juan, esto es lo que considero

que puede ocurrir y, por ello, pienso que es esto lo que deberíamos hacer". Acto seguido, caigo en la cuenta de algo: Jorge
no tiene la menor idea de hablar inglés, y le digo: "Un momento, si no sabes hablar inglés, cómo es posible que los hayas
leído y, mucho más, que a partir de lo que leíste sepas lo que
debemos hacer". Él me responde: "Mira, Juan, yo sé algunas
palabras, pero tengo un diccionario en la mano, tengo intui-
ción, ambición y, es más, si me toca recurrir a una oración
para invocar una señal divina o tener aquí mismo una estam-
pita de la Virgen de Guadalupe para sacar esto adelante, pues
lo hago". El negocio se hizo y produjo utilidades. Mientras eso
pasa, hay personas que hablan inglés, leen, escriben, pero no
se atreven a alzar la mano y decir lo que piensan, simplemente, porque les da pánico cometer errores. No se atreven a dar
el primer paso, sino que siempre están pensando en que algo
les falta, que tienen que hablar como William Shakespeare
para expresar un punto de vista.

Y así es la vida. Muchos, sin estar listos para todo, nos atrevemos y damos el primer paso, mientras que otros, estando listos, piensan las cosas demasiado, se paralizan y siempre postergan lo que deberían hacer hoy mismo.

¿En cuál bando estás? ¿En el de los que se atreven, asu-
men riesgos y van por lo que se merecen, aun no teniendo
todo a su favor, o en el de los que esperan a que siempre las
cartas les favorezcan para hacer algo?

La *irreverencia* contigo mismo

Tu mayor irreverencia debe ser contigo mismo y, en particular, con esa voz limitante a la que llamo Matilde desde mi libro *Hábitos de ricos*. Esa voz mezquina, que no desea que brille tu mejor versión, sino que permanezcas en la oscuridad, en el miedo, en una limitada zona de confort, donde nadie se hace grande. Ante esa voz debes rebelarte y recordar que la mejor forma de vencerla es hacer que brille tu ser esencial, mostrar lo mejor de ti cada día. Muchas veces me he preguntado por qué los integrantes de las llamadas barras bravas, que siguen a sus equipos con pasión, con dedicación absoluta, son, por lo general, pobres. Tienen determinación, amor por lo que hacen, disciplina; muchas veces se endeudan para comprar una boleta para asistir a un partido de fútbol; siguen a su equipo por todas partes, haciendo múltiples sacrificios, renunciando a su familia y, en ocasiones, ausentándose de su mismo trabajo; son los primeros que llegan al estadio y los últimos en irse. Los podríamos resumir como unos apóstoles, devotos de una causa que abrazan y a la que se brindan hasta el último de sus días. Lo curioso es que esas mismas virtudes que poseen son las que se requieren para ser millonario. Pero no lo son, y lejos están de serlo. ¿Qué pasa con ellos entonces? ¿Por qué casi todos son pobres? Alguna reflexión tiene que brotar, y es esta: todas esas fortalezas las ponen al servicio de su equipo, pero no de su propia vida. No las utilizan para tener una existencia mejor, más próspera, tan solo las entregan a una institución que quieren y consideran como suya, que no les pertenece. Su vida sí. Vivir una vida que alegre a tus viejos, a tu familia, a tus amigos, a quienes te quieren, haciendo uso de tantas cosas buenas, es un imperativo; y no solo para seguir a un equipo de fútbol, deporte que amo.

Los *saboteadores* de sueños

No existe un mejor suero que los sueños no cumplidos, así como lo lees: las montañas sin escalar, los libros por leer, los besos por dar, los viajes por hacer, los destinos por recorrer. La ilusión de cumplir lo que nos falta edulcora los años. En Cero Imposibles, nuestro curso de programación neurolingüística (PNL), solemos destacar tres demonios o pirañas que te rodean y obstaculizan el cumplimiento de tus sueños. El primero de ellos, tu voz interior limitante, que ya sabes que bauticé Matilde; el segundo, una buena parte de la sociedad, en especial, aquella dedicada a criticar y a pretender encontrarle el "pelo al huevo", un problema a cada solución; y, por último, "el rebaño de vacas blancas que suele pastar o alimentarse en cada familia", ese mismo que cuestiona tu propósito de vida sin que te proponga uno mejor o sin que tengan siquiera el suyo propio. Su tarea es criticar, bajarte el ánimo y hablar de escenarios apocalípticos que solo evocan los sueños que han sido incapaces de cumplir. En mayor o menor medida, cada una de esas tres víboras se deleitará con la sangre que emane de tus dudas, de tu procrastinación y de tus intentos fallidos de progreso, que fueron oportunidades de aprender para ti, mas solo fracasos para ellos. Las tres víboras poco te proponen para hacerte feliz. Ese no es su trabajo. El suyo es derramar en ti sus frustraciones y metas no cumplidas. Sería una gran amenaza para ellos que cumplieras tus sueños, que te emanciparas con éxito, que te rebelaras sin sonrojo, que te diferenciaras sin pudor alguno, que te constituyeras en un ejemplo de ser púrpura. Cuanto más mal te vaya, cuanto peores sean tus resultados, mayor complacencia hallarán. Tu éxito abrirá aún más la herida que exhiben desde el mismo momento en el que claudicaron, en una flagrante muestra de tibieza de propósito y escasa testosterona. Y se quedaron así: cómodos, personificando al perdedor; mezquinos, ávidos por encontrar el defecto y arruinar el sueño, cualquiera que sea quien lo tuviere; aves de rapiña capaces de engullir lo que quede del muerto. Escoge si deseas ese rol, el del muerto, pues ya sé con total certeza que, al estar leyendo este libro, no serás ni el ave de rapiña, ni la víbora, ni Matilde, ni la mezquina sociedad, ni la sinuosa familia de la que hablo. No tengo duda, eres grande como para caer allí, en esa trampa mortal de la que nadie sale ileso. Mucho me temo que tampoco querrás ser el muerto al que derribe una gripe o mate una simple banderilla con la que malogran a los toros mansos; vacas auténticas, blancas, por cierto. Que lo tuyo sea diferente, que en ti encuentren el roble que la tempestad no mueve, que en ti hallen la roca que ni el agua moldea, que en ti se personifique el mejor ejemplo de la determinación, de la perseverancia, de luchar por unos ideales. Ninguna de esas tres víboras citadas se podrá arropar de grandeza alguna, que siempre les será ajena, que no les pertenece, ni por capacidad ni por logros.

A quienes admiramos los *irreverentes*

Ya no admiro más a quienes son incapaces de cambiarse a sí mismos y pretenden cambiar a los otros. Ya no admiro a aquellos que se regodean cuando dicen "yo soy" sin que ese "soy" signifique algo bueno, una virtud o aspecto a emular. Ya no admiro más a quienes se ufanan del cargo que ocupan o del patrimonio que poseen, ya que tanto el uno como el otro son prestados, transitorios y no trascienden por sí mismos. El cargo se acaba, y la importancia llega al piso. El patrimonio se evapora, y la imagen se arrastra por el suelo.

La grandeza y la reverencia la merecen solo aquellos que se han transformado para hacer el bien y trascender, que han abrazado el progreso y han ido acumulando logros que hablan por ellos, sin perder un solo gramo de humildad. Esos seres humanos sí que merecen mi admiración y respeto. ¿Y los otros? ¿Los que se ufanan del alto cargo que tienen y el dinero que acumulan? No los merecen.

Admiro a aquellos capaces de vencerse. Admiro a aquellos que se conocen y que logran conquistarse, desafiarse, para testear nuevas posibilidades y ser pioneros en tierras no alcanzadas. Admiro a aquellos capaces de sortear cualquier vicisitud con la energía de un niño, con la fe de un minero y con la sabiduría de un maestro zen. Admiro a aquellos que no se creen las dificultades que están viviendo o que han vivido, puesto que saben que son ellas las que se han encargado de definir su carácter y aquilatarlos, como se aquilata el oro una vez se pone al fuego. Admiro a aquellos capaces de pasar de uno a cinco, mucho más que los que pasaron de siete a nueve. Admiro a aquellos que entienden que no existe la palabra *fracaso*, puesto que fue reemplazada por las palabras *aprendizaje*, *experiencia* y *sabiduría*. Admiro a aquellos que se duermen tarde y se levantan temprano, no a quienes se ufanan de estar despiertos antes de que salga el sol, cuando la noche previa fue testigo de un descanso prematuro. Admiro a aquellos que, conscientes de sus defectos y miedos, pasan de largo ante ellos y solo se detienen en lo que hacen bien, en lo que les apasiona y definirá sus destinos.

Hay muchos con grandes capitales que aparecen en la lista de prestigiosas revistas que dan cuenta del tamaño de su riqueza. Sin embargo, no inspiran a nadie, pocos los conocen y aún menos desean emularlos.

Dirigen empresas y grupos financieros importantes, se desplazan en sus propios aviones, veranean en paradisiacas islas, propias, por cierto, con inmensos y fastuosos yates. Y te imaginarás que hay mucho más que contar, que la historia no para allí. Son, sin embargo, esas mismas personas las que se precian de llevar un bajo perfil, de no figurar, de abrazar el anonimato y de ser poco conocidos, mientras engordan sus bolsillos sin que nadie sepa cómo lo hacen. Esas personas no son ejemplos de vida para mí, porque olvidaron a los millones de seres que están ávidos de conocimientos, experiencias y posibilidades que la vida no les dio. Lo suyo es la sombra, evadir las cámaras, permanecer en la penumbra, no figurar, por miedo, por timidez o por un simple enanismo intelectual al que pareciera condenar su mínimo afán de trascendencia.

A muchos de los hombres más ricos de cada país la inmensa mayoría de la población los desconoce. De quienes los conocen, pocos los admiran, pero muchos los odian, y no solo por estar poblado este planeta de envidiosos, sino por su propia culpa. Han olvidado que una cosa es acumular dinero y tener muchas empresas, y otra, bien distinta, trascender, inspirar, servir de referente para las nuevas generaciones.

¿Cuáles son las *creencias* que te vendes?
¿Qué clase de historias te cuentas sobre tu vida? Cuando me dije que escribir cinco libros era suficiente, y que ya no escribiría más, era muy diferente de como soy ahora. Esa historia de "ya no más o hasta aquí llegué como escritor" me la conté cuando iba por mi quinto libro. El que estás leyendo es el número 10 y le pido vida a Dios para que sean muchos más. Si llevo esa historia a muchas otras facetas y distintos momentos, y te invito a que también lo hagas, no resultaría extraño

encontrar decisiones similares e, incluso, peores, que no comprendería y llamaría irrazonables. Cosas como "Yo ya no estoy para eso", "Soy demasiado viejo", "No he ido a la universidad", "No tengo mayores habilidades", "Soy negado para los idiomas", "Emprendí y me fue mal", y muchas otras, tienes que repensarlas bien. Primero, porque quizá sean falsas; han sido solo creencias, pero no verdades absolutas. Segundo, porque recuerda lo que venimos diciendo desde *El día que Dios entró al banco*: cuando hables de un defecto o miedo que te sabotee, no lo hagas en tiempo presente, sino en tiempo pasado. Nunca afirmes, por citar un caso, "Yo soy un procrastinador profesional, siempre postergo las cosas que debo hacer", sino que di más bien: "Solía aplazar mis objetivos y sueños, pero ya no". Así estarás comprometido con la solución a tu problema; con esa sentencia, ya habrás empezado a corregirlo. A propósito de creencias, solemos dar por ciertas algunas frases que quizá no lo sean. En sesiones con socios vip de Invertir Mejor pregunto siempre por temas en los que necesito obtener respuesta de la persona con miras a precisar qué tipo de mentalidad y actitud tiene. Por ejemplo, les pregunto por la suerte, la opinión que tienen de Fidel Castro, la quincena o salario, las tarjetas de crédito y también por el hecho de que en la mayoría de los países no contraten con facilidad a una persona después de los 35 años. Ante esos temas he obtenido respuestas como estas: "La suerte es lo que les sobra a los ricos", "Fidel Castro fue una persona preocupada por la justicia social", "La quincena o salario es mejor tenerla que no tenerla", "Las tarjetas de crédito son lo peor", "Es una injusticia que no contraten después de los 35 años a las personas que se han preparado". No creas que los comentarios son aislados o

los hizo solo una persona. Nada que ver. Están muy arraigados en algunos estratos sociales, sin haber pagado el peaje o
impuesto necesario para hablar con convicción; son verdades no procesadas que terminan convirtiéndose en mentiras. Siempre, ante casos como esos, les digo a los socios: "No
pretendo cambiar a la fuerza tu punto de vista, simplemente
te voy a dar mi opinión sobre cada uno de esos tópicos, de tal
suerte que, si lo deseas, puedas pensar diferente a partir de
hoy. Mira esto. Cuanto más trabajo, más suerte tengo. Fidel
Castro, según la revista *Forbes*, amasó una fortuna superior
a los US$ 900 millones en 2012 y, personalmente, lo vi usar
de manera extravagante y provocadora dos relojes Rolex en
una sola mano, y todo esto mientras en Cuba había médicos
que ganaban US$ 29 al mes. ¿Qué tan preocupado por la jus-
ticia social estaba entonces? Frente a las tarjetas de crédito,
te recuerdo que estas no salen de compras solas, y no constituyen el problema por sí mismas, más bien, su mal uso, por
parte de quienes carecen de educación financiera y las utilizan para pagar a 24 cuotas, constituyen el motivo de preocupación. La quincena, por otro lado, es para mí un atentado
contra el progreso financiero, puesto que vuelve conformes
y dependientes a la mayoría de los empleados que jamás
llegan a ser ricos. Y, con respecto a que ya no contraten después de los 35 años, me parece fantástico. Así como lo lees,
fantástico. Si no te contratan, será la oportunidad para que
emprendas, encuentres tu norte y sepas de qué estás hecho.

Como ves, más allá de que mis respuestas sean las mejores o no, son respetables, y constituyen un punto de vista
diferente que puede nutrir otros puntos de vista opuestos. En

particular, he notado que aquellas personas conformistas y resignadas celebran que se les abra los ojos. Son esos seres que, sin darse cuenta, llevan vidas simples y poco desafiantes; seres que parecen anestesiados por las circunstancias y que se acostumbraron a creerse lo que se dicen a sí mismos. Esos que pronuncian "menos mal", con inquietante frecuencia. "Menos mal" es una expresión muy peligrosa: "Menos mal tiene trabajo", "Menos mal respira", "Menos mal no te mataron (luego de que te robaran en la calle)", "Menos mal tiene una compañía a su lado", "Menos mal tiene para pagar la luz y el agua". Por favor, es que debes trabajar en aquello que te apasione, que te guste, que tenga que ver con tu propósito de vida, no en cualquier cosa, solo con el pretexto de estar ocupado. "Lleva treinta años limpiando los baños de un edificio", "Lleva diez años preparando papas fritas en un restaurante de comida rápida con treinta y cinco grados de temperatura", "Lleva barriendo y trapeando quince años los pisos de un colegio", y todavía hay personas que dicen "Menos mal tiene trabajo, porque hay gente que está en la casa". Por Dios, qué mediocridad, qué conformismo, qué resignación. Alguien que les dé respiración boca a boca a quienes así hablan, un choque eléctrico, porque se están muriendo. Y, por favor, es que a ti no te deben atracar y ello no puede llegar a ser visto como normal; ni solo debes estar acompañado, sino que debes tener una pareja que te ayude a ser feliz, con la cual compartas tus sueños y de la que te sientas orgulloso; ni tampoco se trata de tener solo lo necesario para pagar los gastos mensuales, sino de vivir una vida de abundancia y a la altura de lo que te mereces. No vuelvas a decir "menos mal", te lo ruego.

La importancia de *ser único* y comportarse como tal

No tienes que imitar a nadie, ni tener una camisa, remera o playera en la que aparezca en la espalda el nombre de tu jugador o personaje favorito. Nadie es más importante que tú, por más referentes o ídolos que puedas tener. Ni qué decir de las personas que imitan a cantantes o artistas. ¿Qué pretenden? ¿Qué les digan que son reencarnaciones, clones o que son mejores que el personaje mismo? Por favor, eso se llama no valorarse; que te imiten a ti, pero no imites a nadie.

> **Ser tú mismo, con lo que ello implique, comportarse siempre como tal y dejar un legado es algo que no tiene precio en un siglo como el actual, y si me apuras un poco, en cualquier momento de la historia.**

Los originales trascienden, mientras que las copias no se recuerdan, son baratijas, elementos desechables, que el tiempo se encarga de sepultar.

Crea tu propio *microcosmos*

¿A quién incluyes en tu mundo? ¿Al cantante de moda y no quieres ser cantante? ¿O a un emprendedor legendario y deseas serlo? Si eres muy básico con tus hábitos, así serán tus ingresos, muy básicos, que apenas alcanzan a pagar los gastos del mes. En cierta ocasión, me encontraba en un supermercado y una señora me dijo: "Veo que ya se quitó la corbata, lo que no sabía es que ya se usara en la solapa de la chaqueta". A lo que repliqué: "Esa no es una corbata, es un pañuelo de seda que se pone en ese lugar". Ella respondió: "No los conocía, en mi vida los había visto". Un simple pañuelo de seda en la solapa de una chaqueta. Lo que crees que es normal u obvio podría no serlo para los demás, y viceversa. El mundo tiene tantas opciones y las realidades de las personas son tan disímiles que constituye un grave error darlo todo por sentado o asumir que lo que crees que es sea. No todo el mundo conoce lo que uno supone que debería conocer. La palabra clave aquí es *debería*, que no es otra cosa que una autoimposición, una palabra con visos de arrogancia, pues equivale a que nuestros temas e intereses son universales, nada que ver, son solo algunos entre tantos. ¿Debería la gente comer tres veces al día? No hay respuesta única. Cada vez los reinados de belleza tienen menos sintonía, y en otro momento eran los reyes del *rating* en algunos países. Los toros, la fiesta brava, que otrora albergara a miles de personas que abarrotaban las plazas en España, México y Colombia, por solo citar tres ejemplos, son hoy una práctica en decadencia o prohibida, y condenada por millones de defensores de animales en todo el planeta. Incluso los Premios Óscar tienen cada vez menos televidentes, merced a la gran variedad de opciones disponibles en temas de entretenimiento y a la dispersión que tenemos todos los seres humanos con tantos intereses que nos mueven.

Mentalidad de *abundancia*

Cuando les pregunto a algunas personas si les gustaría tener una mansión, he obtenido respuestas como estas: "En absoluto, me parecería un encarte", "No me gustaría, donde vivo estoy bien. Además, una mansión significa más dedicación y trabajos de limpieza", "No lo creo, estaría en la mira de ladrones y secuestradores". Más allá de cualquier opinión que tengas sobre una gran casa, rodeada de jardines, habitaciones amplias, piscina, gimnasio, un generoso garaje y espacios múltiples, piensa en lo siguiente:

Si condenas lo grande, estás invitando a que te persiga lo pequeño. No te tiene que gustar una mansión para tener una mentalidad millonaria. Muchos la tienen, y viven en casas normales o departamentos pequeños. Lo que sí me temo es que aquellos que siempre están condenando las cosas grandes atraen las cosas pequeñas.

No les interesa una mansión sino una modesta casa. Un auto de lujo lo ven con inquietud, pues piensan que no lo merecen, que deberán pagar altos impuestos o que su seguridad se puede ver amenazada. No les gustan los viajes largos, los destinos exóticos e inéditos, no, sino que privilegian lo conocido, lo manejable, aquello que no suponga reto alguno y que preferiblemente sea muy barato y donde se pueda hablar el idioma que hablan. Así, podría mencionar un sinfín de ejemplos que conducen a lo pequeño, a lo prudente, a lo frugal o austero; en el fondo, a no incomodarse nunca, ni retarse, ni testear sus propios límites, ver hasta dónde pueden llegar. Quienes afirman que una mansión es un encarte, que un vestier inmenso es un desperdicio, que un vuelo en primera clase es innecesario, y muchas más expresiones de austeridad que ya podrás imaginarte, esconden en su interior una inseguridad manifiesta, un temor evidente, que la riqueza percibe para alejarse, para nunca visitarlos. Si esa riqueza pudiese hablar, diría algo así como: "No te preocupes, sé que te incomodo, intuyo que no me extrañas, y me alejaré de ti".

Esas personas que dicen que muchas cosas son un encarte, curiosamente, están encartadas con su vida. No tienen ingresos altos, pero sí muchas deudas. No tienen amigos ricos, pero sí todos pobres. No tienen grandes sueños, pero sí un historial de frustraciones y promesas incumplidas.

No se rodean de referentes y seres extraordinarios, pero sí de individuos tóxicos que hacen parte de su círculo íntimo, y con ellos se sienten felices, cómodos, puesto que no los retan ni los incomodan, contemporizan con su conformismo. Son esos mismos que les patrocinan sus juegos de azar, sus borracheras, sus interminables fiestas y pequeñas metas. Si el universo siente que te queda grande lo grande,

y lo has leído bien, te enviará lo pequeño; para qué compli-
carte la vida, se dirá ese universo. Que no te dé temor ganar
mucho dinero, ni tener muchas acciones, ni poseer varias
empresas rentables, ni múltiples propiedades, ni sublimes
obras de arte. Ello te impondrá presión, esa misma que necesitas para crecer, para superar tu zona de confort e ir más
allá, para aumentar tus conocimientos y expandir tus habilidades. Eso mismo que la pequeñez no permite, que el conformismo repele y que la gloria elude.

Hacia dónde debes *apuntar*

Están los que te preguntan "¿Por qué eres tan ambicioso?",
pero no "¿Por qué eres tan conformista?", como si ser ambicioso fuera pecado y ser conformista estuviese bien. Están
los que siempre están apuntando hacia abajo y no hacia arriba, y te dicen "¿Por qué estás tan elegante?", pero no "¿Por
qué estás tan mal vestido?". Te inquieren "¿Por qué vestirte
con ropa costosa, de marca, si lo mismo que pagaste por ella
podría vestir a una familia entera?". Te cuestionan por viajar
en primera clase, como si viajar en clase económica tuviese
gran mérito. Se sorprenden por qué te volviste rico, pero no
por qué sigues siendo pobre, teniéndolo todo para no serlo.
Cuando les dices que adquiriste un auto de lujo, indagan por
qué lo compraste si hay otros coches más baratos en el mercado, o, incluso, el tiquete en metro o en colectivo te valdrían
muy poco. Y, sin sonrojo alguno, te increpan por tus viajes a
destinos lejanos, con el argumento de que lo que gastas en esa
experiencia perfectamente pudiera haber servido para calmar
el hambre de muchas personas. Evita ese tipo de gente, que te

mantendrá mirando siempre hacia abajo y nunca hacia arriba. Son personas que no tienen mayores logros y mucho me temo que nunca los tendrán. Acabas de leer oro puro.

Dinero, dinero, dinero

¿Qué significa para ti el dinero? Es una pregunta que suelo hacer a mis socios. Hay una minoría que me dice: "Es un mal necesario", "Es el causante de todos los males", "Algo que puede hacer malas a las personas". En una u otra respuesta, en lo que siento que pueden mejorar mucho, aparece una palabra en común: "mal". Con todo respeto, me pregunto: "¿Puede atraer la riqueza una persona si la ve como un mal?". Mucho me temo que no. A la mayoría de esos seres humanos que hoy trabajan hasta dieciocho horas diarias para conseguir el pan y proveer un techo nada grande les deparará el destino si continúan pensando así. La afirmación preferida, que comparto con esos socios, es la siguiente: "El dinero no es lo más importante en la vida, pero afecta todo aquello que sí lo es". La salud, la familia, tu tiempo y tu libertad financiera son influenciados por la cantidad de dinero que tengas y por la forma en que lo ganes y lo uses. Total, sí que es importante.

No más hipocresía frente al dinero. No más condenas a la acumulación de riqueza. Lo condenable no es la riqueza, sino la pobreza. Esa misma de la que no debemos enorgullecernos y que no constituye ejemplo alguno.

Si pregunto a un ciudadano del común "¿Qué opina de alguien que gana cien mil dólares mensuales?", es posible obtener respuestas como estas: "Es una injusticia, máxime sabiendo que hay quienes viven con menos de dos dólares diarios", "Algo malo debe estar haciendo para ganar una cantidad así", "Alguien que gane semejante suma al mes debería compartirla con los pobres". Solo una minoría, púrpura por demás, y encaminada a ganar esos montos, y más, te diría que es muy posible, que seguramente explota sus capacidades y que le encantaría conocer a personas que disfruten de ese dinero para ver qué hacen para ganarlo, cuáles son sus hábitos y qué aprender de ellos. Esa minoría es la que terminará ganando lo que hoy gana solo el 1% de la población mundial. Es esa minoría ambiciosa que no tiene resentimiento alguno hacia los ricos y que, por el contrario, cuando ve a alguien que gana mucho más, quiere emularlo y aprender de él. Son personas de corazón limpio y mentalidad orientada al logro. Seres bendecidos, iluminados por un ser superior, observados por el universo mismo y que terminarán siendo recompensados por una "confabulación cósmica", que consiente a quienes honran sus sueños basándose en acumular méritos. Infortunadamente, como ya lo expresé, solo es una minoría de la población, mientras que la otra mayoría tiene una mentalidad pobre; odian a los ricos, pero, paradójicamente, compran loterías cada semana para convertirse en uno de ellos. Personas a las que primero les falta dinero para el mercado o para la educación misma, pero no para la fiesta, para las loterías o cualquiera otro vicio. Ya lo vengo expresando desde *Hábitos de ricos*: aquello que odias es aquello de lo que te alejas.

El resentido suele ser pobre, la razón principal es que explota más su odio que su talento. No pelees con la riqueza, no odies a los ricos, sino que amplía y depura el cristal a través del cual ves la riqueza que otros consiguen. Celebra cómo la obtienen de manera lícita, aprende de esos casos, míralos como un estímulo adicional, como una vara que se fija para que la superes.

Hay demasiados resentidos y envidiosos en el planeta, ser uno más sobra.

Otra pregunta que formulo sobre el dinero es "¿Qué opinas de los mafiosos?". Una respuesta más común de lo que podría pensarse da cuenta de "Personas prácticas, en la medida en que consiguen el dinero muy rápido". Otros los vemos como seres sin principios, ni modales, ni educación; la antítesis de la clase y el buen gusto; antagonistas del ejemplo; rivales de lo púrpura; auténticas vacas blancas; personas que son dignas de poco y ejemplo de nada; seres que no disfrutan de lo que acumularon por muchas razones, entre ellas, porque huyen, escabulléndose de la justicia, sin ver a su familia, sin compartir con ella las horas que quisieran, poniendo en riesgo en cada jugada su vida como la de sus seres cercanos. Además, la forma en que alguien obtiene su riqueza sí que importa: el mafioso ha dejado una estela de sangre y lágrimas tras su paso, representa la incapacidad de conseguir dinero de forma lícita, es el ejemplo que no necesitan nuestros jóvenes.

El mafioso solo es el ídolo de quien está condenado a seguir sus pasos. Hay esclavos del dinero que no dejan tanto rastro de lágrimas y vergüenza. El mafioso es ese ser que habla sin hablar: "No me da para más; toca hacer esto rapidito, cueste lo que cueste y al precio que haya que pagar, sea que lo pague yo, una viuda a la que dejé bañada en lágrimas o un huérfano sin rumbo y sin esperanza".

Indago también la opinión que la gente tiene de los bancos. Muchos los ven como "Demonios, chupasangres o sanguijuelas, que se alimentan de la poca carne que tienen los pobres y que terminan por dejarlos en los meros huesos, para luego engullirlos en su totalidad". Algunos otros te dirán que "Son lo peor, al igual que las tarjetas de crédito, que son unos auténticos aprovechados y que flaco favor prestan cuando, por un lado, me reciben el dinero pagándome un interés muy bajo, mientras que, por otro, me lo prestan a tasas de interés muy altas". Curiosamente, y debido a esa diferencia que existe entre la tasa a la cual reciben un dinero y la tasa a la cual lo prestan, conocida como el margen de intermediación, la persona del común no disfruta de esas ganancias con la compra de acciones bancarias. Se quejan de los bancos, dicen que "se la ganan toda", pero no tienen ni una sola acción de banco alguno, que al menos les permita disfrutar de esas valorizaciones, de sus dividendos y de una especie de "venganza" contra ese monstruo al que responsabilizan de sus males. Lo cierto es que, para una persona informada, que hoy día no se limite a quejarse, esas instituciones financieras son fuente de posibilidades de progreso. Un ejemplo específico para avalarlo: utilizar dinero de los bancos para hacer operaciones en los mercados financieros con mucho más dinero del que posees (llamadas inversiones apalancadas), a través de internet, sin pagar interés alguno y en negocios de corta duración, que se abren y se cierran rápidamente, en cuestión de minutos u horas en múltiples casos. Quienes hemos realizado inversiones por internet sabemos que las ganancias obtenidas no hubiesen sido tan altas de no haber sido por el dinero que los bancos prestan a los intermediarios en mercados como los de *foreign exchange* (forex), acciones, criptomonedas y *commodities*, y que ellos luego te prestan a ti.

Con los bancos funciona aquel dicho que reza: "O me quejo o me adapto". Anteriormente hacía la comparación entre los bancos y las tarjetas de crédito. Son una especie de maridaje perverso para muchos usuarios del sistema financiero; no obstante, y así como la tarjeta de crédito no es la que decide salir de compras, pagando a veinticuatro cuotas, supuestamente porque de esa manera no se sienten los intereses que se pagan, igual ocurre con los bancos. Estos no te obligan a llevarles el dinero, ni a pedirles plata prestada, tampoco a financiar la compra de tu casa o departamento, ese mismo que decidieron comprar unos cuantos a quince años, hipotecando su futuro, y solo porque hasta ahora no conseguían el dinero por sí mismos (y es que no solo la propiedad queda hipotecada, sino también el porvenir de la persona; el banco es dueño de la una y del otro, financieramente hablando).

> **Los ricos utilizan la banca para apalancarse con ella, aprovecharla, mientras que los pobres se hacen más pobres con esa misma banca. ¿Por qué la suerte de unos es distinta de la de otros? Fácil. Algunos tienen educación financiera, mientras que otros carecen de ella.**

He percibido que a mucha gente le gusta donar el dinero que se ganan otros. Mi sugerencia es la siguiente para ellos: vuélvanse ricos y donen su propio dinero. Es que hacer lo que te gusta con dinero de otros es muy fácil. "¿Por qué no ayudas a calmar el hambre en vez de comprarte un auto de lujo?" o "¿Por qué tienes tanto dinero si otros no tienen nada?". Mis respuestas son muy simples: consigue tu propio dinero, vuélvete rico y haz con ese dinero lo que te plazca.

Olvídate de la *suerte*

Muchos pobres dicen: "La suerte es lo que marca la diferencia en la vida" y "Suerte es lo que les sobra a los ricos". Comentarios como esos están arraigados en la población de escasos recursos económicos. Para muchos de ellos, hay gente que tiene suerte, los ricos, y hay otros que simplemente carecen de ella, los pobres, que, en vez de haber nacido con estrella, "nacieron estrellados", dicho popular, por cierto. Cuando les ayudas a mejorar su vida y sus finanzas, y les dices que la definición de suerte es que, "cuanto más trabajo, más suerte tengo", guardan silencio por un momento, procesan, y hasta pueden coincidir contigo. Acto seguido les pregunto: "¿Crees que mi mejor situación financiera es fruto de la suerte que he tenido? Tú que me conoces, y que sabes que no nací en cuna de plata, ni tuve un papá millonario, ¿piensas que lo que he logrado ha sido por suerte?". Si sigues pensando que el azar determina el destino de una persona, seguirás comprando loterías, jugando a la ruleta o a los dados en un casino. La suerte solo premia al que se lo merece. Eso que llamas azar con el tiempo descubres que no lo era, y que la persona llena de méritos, que muchas veces ni conoces, atrajo lo que se merecía, en una clara demostración práctica de cómo opera la ley de la atracción en el universo. La suerte funcionará, contemporizando por un momento con quienes creen que todo es aleatorio, en un par de ocasiones, a lo sumo; pero, cuando el éxito o las derrotas mismas son repetidas, escuálido favor le prestaríamos al análisis si decimos que solo es fruto del azar. La suerte tiene por sinónimo aprovechar oportunidades. La suerte es la unión de talento y momento, estar en el lugar adecuado, en el instante adecuado, con la actitud adecuada. Siempre he sostenido: si nos refugiamos en el azar, si depositamos nuestras esperanzas en lo que nos depara el destino, haciendo poco o sin mover un dedo como lo hacen tantos, ¿entonces para qué estudiamos? No tendría sentido alguno analizar la vida y lo que en ella ocurre si todo fuera resultado de la suerte. ¡Qué vida aburrida sería aquella en la que dos personas, con distinta actitud y diferente determinación para estudiar, esforzarse y triunfar, tuvieran similares probabilidades de éxito al perseguir un objetivo!

Jamás te refugies en el azar para progresar. Nunca busques en una quimera lo que debes hallar dentro de ti. Así como condenamos al mafioso, al narcotraficante, por carecer de escrúpulos y reconocerse tácitamente como poca cosa, condenamos también a quien deposita en las loterías y en lo que llamamos suerte su destino mismo. Muchos que mueren sin nada, sin una familia ejemplar, sin una empresa creada, sin un libro escrito, sin testimonios que evidencien su trascendencia, sin un legado, sin dólar alguno, dicen que les faltó suerte. Me pregunto qué pasó con sus hábitos, con el uso del tiempo, con su determinación, con su capacidad para vencerse a sí mismos, con su vocación por servir y transformar existencias. Me pregunto por su amor propio.

Permanece humilde, trabaja duro, deja de quejarte, da con generosidad, rodéate de un gran equipo de trabajo, lee mucho, haz más de aquello por lo que te pagan, ten cerca a Dios y nunca te faltará la suerte.

Robert Kiyosaki lo expresa en estos términos:

Cada vez que un reportero me pregunta: "¿No es cierto que la mejor manera de hacerse rico es escribir un libro sobre cómo hacerse rico?". Yo me río y simplemente respondo: "Si cree que escribir un *best seller* es sencillo, ¿por qué no lo escribe usted?". En mi opinión, es mucho más fácil encontrar petróleo y oro que escribir un *best seller*.

Se trata de mentalidad y determinación, no de suerte. Siempre serás envidiado por aquellos que no han sido capaces de lograr lo que tú sí.

Ser *único* en las *redes sociales*

Hoy día nuestros mayores ingresos provienen de internet, en particular de las redes sociales, con énfasis en YouTube. Las redes son fuentes de negocios, contactos, oportunidades y libertad financiera. Mientras que estás leyendo esto, seguramente tienes en mente a quienes utilizan las redes sociales solo para desahogarse, criticar, ver memes o perder el tiempo. El problema no son, entonces, las redes sociales o la tecnología, sino la forma en la que te aproximas y sacas provecho de cada una de ellas. Más de una persona me ha dicho que la tecnología como el dinero "son un mal necesario", mientras que otros sostienen que "son una forma elegante de complicar la vida" y que preferirían que todo fuese como antes. Los demás pensamos que la tecnología será cada vez más relevante y que, tal y como sucede con tantas situaciones, o la aprovechas y te apalancas en ella, o te quejas y te atrasas. Los seres humanos cada vez compran con más facilidad por medio de internet, van a internet antes de comprar, se informan sobre un producto específico, llámese viaje, concierto, restaurante, o cualquier otro. Si ahí están las personas, ahí debes estar tú y tu negocio, atendiéndolos, vendiéndoles lo que haces, distribuyes o fabricas; volviendo dinero tus experiencias, consejos, logros y reveses; e interesándote en lo que piensan de ellos, en lo que les provoca y hace sentir. Tener presencia en internet ya no es ninguna novedad o moda, sino que es un imperativo. Tener un equipo de trabajo con énfasis en *marketing* digital ya no es una tendencia, es una realidad; personas expertas que te están informando qué compra la gente, con qué frecuencia, en qué regiones, en cuáles edades, con qué objeciones, periodicidad, en fin, todo un mosaico de alternativas disponibles que deben ser estudiadas para llegar a quienes debes llegar. No eres un *jean* para combinar con todo; por supuesto, yo tampoco lo soy. Nos interesa determinado segmento de la población, discriminado según nuestro propósito de vida e intereses. Laboral y comercialmente hablando, no nos interesa cualquier persona, ni pretendemos llegarle a cualquiera. Lo mismo debe ocurrir contigo: cuál es tu nicho, de qué edad, sexo, estrato. No soy un experto en *marketing* digital, lejos estoy de serlo. No me interesa tampoco convertirme en uno, puesto que mi propósito de vida es otro. Pero sí que tengo a personas expertas en el tema bien cerca, puesto que, de no tenerlas, trabajaría con los ojos vendados, sin rumbo fijo, a la espera de que la suerte fijara sentencia sobre qué hacer y qué no. Eso no me interesa. Quiero acertar y estoy seguro de que tú también.

Cada vez la tecnología se cuela en nuestras vidas de manera más penetrante. Es un movimiento

irreversible, con una inercia brutal, despiadada y propia, que sin pedir permiso ha acumulado gran fuerza a medida que avanza. Tú y tu equipo, o se montan en ese tren, o no encontrarán la forma de llegar a un destino cierto.

Libérate de estas cadenas

Renunciar a un empleo sin tener otro no es ninguna osadía. La osadía es permanecer por largo tiempo en un empleo que no disfrutes, en el que no desarrolles aquello que mejor haces y que no tenga que ver con tu propósito de vida. Esa sí que es una verdadera osadía. Están los que vegetan en un empleo que no aman, con el argumento de que, al menos, les permite estar ocupados y pagar sus gastos y deudas. Pero allí se esconde una aterradora realidad que viven las mayorías: conformarse con tan poco cuando podrían ir por mucho más. Un ser irreverente jamás podrá conformarse con estar ocupado o viendo cómo pasan las horas que le aproximen al día del pago, momento en el cual cambiará su estado de ánimo. ¿O es que no has visto la sonrisa, de oreja a oreja, de muchos empleados el día que les pagan? Dichosos aquellos valientes que, teniendo un empleo, poseen la grandeza y el carácter para renunciar a él e ir por más, por lo que se merecen. Dichosos aquellos que no se conforman con las migajas que les tiene reservado un puesto o cargo que no disfrutan, que, de hecho, aborrecen, por el que se quejan a diario y del que denigran, pero al que siguen atados por miedo o por creerse poca cosa. El miedo no da dinero, pero sí frustraciones y lamentos, arrepentimientos y dolor, y todas las anteriores combinadas, en un mismo coctel mortal, cuyos efectos durarán largo tiempo, hasta que se jubilen y entren en una nueva etapa mortuoria, en la que los arrepentimientos por lo que pudieron haber sido y no fueron los desangrarán, y pudrirán a diario, sin ya disponer de tiempo alguno para remediarlo. Cuando renuncias a un empleo que no te apasiona, cuando tienes las agallas para hacerlo, terminarás siendo recompensado por el universo y sus designios. La naturaleza no se guarda nada, sino que te premiará con el mayor regalo con el que puede premiar a un hijo suyo: la felicidad de encontrar aquello para lo que vino al mundo. Mientras tanto, sus críticos, envidiosos y timoratos, juzgarán a esos seres a la distancia y se estremecerán al imaginar lo que el arrojo y la temeridad pudieron haber provocado en ellos. Renunciar a un empleo que no te hace feliz puede ser la oportunidad para encontrar algo mejor que sí lo haga, y de lo que valga la pena vivir.

Más del 80 % de los empleados no están a gusto haciendo lo que hacen, pero, aun así, continúan haciéndolo. No te sorprendas de que ese 80 % de la población gane tan poco y que solo sea el 20 % restante el que gane mucho. Bien merecido lo tenían unos y otros.

La mayoría desprecia al irreverente, pero nadie recuerda a la mayoría, sino solo al despreciado, que es una minoría.

Los empleados tradicionales suelen ser reverentes, porque necesitan serlo, de lo contrario, perderían su trabajo y lo que los mantiene como esclavos: un salario. Es difícil que encuentres un empleado irreverente, ya que no riman los dos términos, sino que están en los antípodas o polos opuestos. Los empleados tradicionales suelen tener que reverenciar a alguien, llámese una junta o un jefe que los mantenga ahí, empleados, usados, que finalmente es otro sinónimo. La irreverencia no tiene precio, hace parte de las almas libres que han existido, existen y existirán por el bien de la humanidad. La irreverencia es sinónimo de grandeza y la antítesis del miedo. El reverente vive con pánico a perder algo que le ha sido prestado, un cargo o empleo. Da pasos cortos, siempre caminando vacilante, no vaya a ser que una mayor firmeza fije un precedente, marque un destino y deje una huella. Transita a hurtadillas, para que no lo noten, para que no indisponga, para que no moleste a nadie que acabe con lo que tanto anhela, lo seguro. Hay una mayor tragedia que lo que recién lees: vivirlo por muchos años.

Sin sonrojo alguno, despojándose de cualquier temple de irreverencia, renunciando a una personalidad inquebrantable, ahí van, gateando, esos seres que más parecen fantasmas, que no trascienden, ni se recuerdan ni pasan a la historia. Seres normales y conformistas. Las populares vacas blancas.

La esclavitud del siglo XXI es cumplir, sí o sí, con un horario rígido y extenuante, vigilado con la milimetría de relojero suizo, por un jefe que ha puesto sus ojos inquisidores en ti. Todos, por un tiempo, podemos soportar ese calvario. Por un tiempo se perdona, pero no por toda la vida; eso no tiene perdón. ¿Tú, que naciste libre, firmando a estas alturas una tarjeta de control o dando explicaciones por llegar diez minutos tarde a tu trabajo? Despide a tu jefe si no lo admiras, si te aburre tu empleo y llevas mucho tiempo en él. Trabaja según resultados y en algo tuyo, preferiblemente, para que no haya horarios. Trabajar es un placer cuando amas lo que haces. Nada más mediocre que la frase: "Trabajar es tan horrible que hasta le pagan a uno por eso". Ya te imaginarás la clase de vaca blanca que la pronuncia, y ni qué decir de quien reclama su autoría. Su calificativo no alcanza siquiera a vaca blanca, sino que es una "vaca transparente".

No regales *tu tiempo*

Henry David Thoreau, filósofo y escritor norteamericano, afirmaba en su libro *Walden*:

> Encuentro saludable el hallarme solo la mayor parte del tiempo. Estar en compañía, aunque sea la mejor, se convierte pronto en fuente de cansancio y disipación. Me encanta estar solo. Nunca encontré una compañía tan compañera como la soledad. Casi siempre solemos estar más solos cuando estamos entre los hombres que cuando nos quedamos en nuestras habitaciones. Un hombre que piensa o trabaja está siempre solo, encuéntrese donde se encuentre.

Un irreverente siempre tiene tiempo para lo que le importa y menos tiempo para lo que les importa a los demás. El dinero va y viene; hoy puedes tenerlo, mañana perderlo y pasado mañana recuperarlo, incluso con creces. No ocurre lo mismo con el tiempo, no va ni viene, solo pasa. Depende de ti qué tan bien lo utilices. El irreverente es celoso con la forma de utilizar cada segundo de su existencia. Sabe que la pobreza es una suma de horas mal utilizadas y nadie tiene derecho a apropiarse de su tiempo, esto es, de su riqueza, de sus sueños, de su vida misma. Es curioso que nos preocupe tanto que nos roben pertenencias físicas, llámese un reloj, el auto, o que asalten nuestra casa; sin embargo, poco nos damos cuenta de que existen ladrones de tiempo, con los cuales podemos, incluso, estar conviviendo. Vigila muy bien quién le da valor agregado a tu tiempo y quién no, así como con quién pasas las horas, si con seres merecedores de compartir activo tan valioso como ese, o, por el contrario, con dilapidadores de tiempo o vacas blancas, quienes engullen tus mejores días sin sonrojo alguno y sin que lo percibas.

A propósito de tener tiempo para lo que te importa, me produce cierta hilaridad cuando se difunden mensajes a través de las redes sociales en las que se pondera que el fundador de Facebook, Mark Zuckerberg, no desperdicia tiempo escogiendo su ropa, puesto que todos los días se pone lo mismo. ¿Qué es desperdiciar tiempo? Debe ser admirado por muchas cosas, pero no precisamente por su buen gusto en materia de vestuario, y solo es mi opinión. Dicho de otra manera, es un billonario que se viste mal. Si compramos la idea de que escoger la ropa es una pérdida de tiempo, estaríamos comprando muchas otras, por ejemplo, salir a cenar con la familia, orar varias veces al día, contemplar un atardecer, ir a comprar lo que te guste e infinitas actividades más. Según la tesis de no desperdiciar tiempo escogiendo qué ponernos, sería mejor que comas en tu puesto de trabajo, a toda velocidad, y que no pierdas algunas horas disfrutando de un buen vino y un buen plato. ¿Qué clase de vida es esa? ¿Comer perros calientes y hamburguesas todos los días? ¿Ponerme una camisa gris y un jean de lunes a viernes? ¿Dejar de planear unas inolvidables vacaciones con mi familia (¡y tenerlas!), porque supuestamente eso me quita tiempo? No, gracias, esa vida no me interesa. El mismo señor Zuckerberg, a quien le valoro sus logros y aporte, ni más faltaba no hacerlo, afirma que "la gente no te recuerda por lo que dices, sino por lo que construyes". Es posible que por su juventud diga lo que dijo. Buda, Sócrates, Spinoza, Emerson, Borges, para solo citar algunos, no pusieron un ladrillo, ni fundaron empresa alguna, ni emprendieron jamás. ¿Y acaso por ello no son recordados?

El tiempo que te están quitando, el que para ti es importante, no vuelve. Tórnate implacable y celoso con esto. Identifica los ladrones de tiempo, que no te devolverán lo robado. Asegúrate siempre de tener tiempo para el deporte, la familia, la salud, los *hobbies*, la oración y la educación, incluso, por supuesto, la lectura. Eres un rehén de los ladrones de tiempo si para temas esenciales como esos no cuentas con las horas suficientes para vivirlos y disfrutarlos.

Haz una suma de lo que puedes aprender con tus conocidos y amigos, y compáralo con lo que puedes aprender de los libros y videos sobre personajes famosos, algunos de ellos auténticos referentes. No le adiciones componente sentimental alguno al análisis, pues viciarías la comparación. Dudo mucho de que los conocidos superen a los libros y videos en valor agregado para tu vida. Seguramente, Matilde, más que tú, apelará a algo emotivo para interpelarme, y me dirá que las relaciones sociales son muy importantes y que los amigos son lo mejor en la vida. No tengo duda de la importancia de las relaciones, la inteligencia emocional y el aporte de amigos de verdad a nuestra existencia. No obstante, ello no riñe con el cerebro y el uso de la razón para una mejor utilización del tiempo. Con algunos amigos, se pierde mucho de lo que se puede ganar con los libros, se sacrifica educación por entretenimiento y se corre la suerte del cangrejo, ir hacia atrás. La palabra *algunos*, como te habrás dado cuenta, está presente. No podía ser de otra forma. Toda generalización es peligrosa y hay amigos que son tesoros, no solo por estar ahí, en los momentos más importantes de nuestra vida, buenos y no tanto, sino porque son inspiradores, referentes y más que hermanos. Pero otros son solo compañeros de juerga, de fiesta, coyunturales y no trascienden. ¿De qué clase de amigos estás rodeado?

Aquí van unas píldoras que te pueden resultar de mucha utilidad, según mi experiencia personal, para hacer un mejor uso del tiempo.

Primero, te encuentras con personas que no tienen la menor idea de qué es resumir. Personas sin el menor tacto para comprender si un tema del que te hablan te importa o no. Personas que quizá no han leído mi libro *Ideas millonarias*, en el que hablo de abreviar, la idea millonaria número 23. Les puedes decir: "Por favor, abrevia". "Juan Diego, pero

¿cómo le voy a decir eso a alguien, llámese familiar o amigo, si por ello podría ser tildado de irrespetuoso o insolente?". Diles, entonces, de forma cortés, lo siguiente: "Cuéntame el final". Así, entenderán claramente tu mensaje. "A buen entendedor, pocas palabras bastan". Hay ladrones de tiempo y eso es una realidad meridiana. Suma el tiempo que te quitan esos ladrones de tiempo, y te darás cuenta de cómo se devoran tu vida.

Segundo, vete ya de tanto chat inútil e insulso, aléjate de cuentas que en redes sociales no te aporten nada, ni a tu felicidad, ni a tu propósito de vida, ni al progreso de tu familia.

Tercero, desvincúlate de esos amigos tóxicos que tienen un problema para cada solución, los que siempre hablan de enfermedades, tragedias y de lo difícil que está la vida.

Cuarto, evita libros que no sumen a tus objetivos, series inocuas, programas de televisión contaminados de escepticismo y miedo.

Eso es, en síntesis, usar bien tu tiempo, el activo más valioso que tiene persona alguna, el patrimonio que poseen todos los futuros millonarios de este planeta. Puedes hacer una inversión y que te vaya mal, después te recuperas; pero jamás podrás recuperar el tiempo perdido. Recuérdalo.

Eres *dinamita*

Como lo dijera Marco Aurelio, "Nunca deja de sorprenderme: nos amamos más a nosotros mismos que a los demás, pero le damos mayor importancia a lo que digan los demás que a lo que digamos nosotros mismos". Qué origen tiene esto, me pregunto. Una luz o atisbo de respuesta pareciera emerger del bajo nivel de estima y autoconfianza que tiene el ciudadano promedio. Desde muy niño se le critica más por lo que hace mal que lo que se le elogia por lo que hace bien. Cuando desde muy temprano muestra algún rasgo, pensamiento o acción poco común, que diste de la manada o que no encaje en lo preconcebido, se le rotula de extraño y se le obliga a volver al redil, a comportarse como lo hace la mayoría, sin percatarse de que esa mayoría poco ha hecho y que no debiera ser, por ende, ejemplo o modelo a seguir. Con esa realidad a cuestas, la persona sigue recorriendo un camino sinuoso, en el que ante cualquier error pareciera que pudieran explotarle las piernas o congelarse su consciencia, esa misma que no debe parar jamás, ni contentarse con lo establecido, bajo pretexto de que así han sido siempre las cosas. Una pesada carga empieza a llevar ese niño sobre sus hombros, la falta de autoconfianza se inflama, pareciera invadir el ser y volverse parte de su paisaje. Si a tan perverso coctel se le añaden unas gotas de críticas e infundados consejos de la sociedad y de sus mismos amigos, el veneno estará listo para aniquilar al paciente, quien, a pesar de seguir respirando por muchos años, murió desde ese día, en el que congeló su razón, degolló su actitud y entregó sus sueños a terceros, incapaces de cumplir los suyos propios.

Conscientes de ello, de tan inefable y cruda realidad, el ser irreverente habrá de rebelarse y llevar su grito a la misma estratosfera para ser escuchado y nunca ser herido de muerte.

El amor que siente por sí mismo, necesario como el que más, y agrandado por sus logros y por lo que hace bien, se impondrá en cualquier escenario, en cualquier momento, y ante quien fuere, para defender lo suyo, que no es otra cosa que su vida, sí, su propia vida, esa misma que ha de vivirse con la frente en alto, el corazón abierto y el puño apretado. Así, y solo así, te amarás a ti mismo y a los demás, pero no pondrás en alquiler tus convicciones, ni tus pensamientos, pues, de hacerlo, correrías el riesgo de obtener un pago exiguo: parecerte a la mayoría, no diferenciarte por nada y dejar de trascender.

Estás para cobrar mucho más, recuérdalo. Estás para subir el precio de lo que vendes, merced a que has aumentado el valor de lo que eres. Eres el trueno mismo, la dinamita envuelta en papel de regalo, el agitador de consciencias, el milagro ambulante.

¿Qué *guion* te vendes?

A ti no te tiene que certificar nadie más que los testimonios de miles de personas que han cambiado para bien su vida, debido a tu ayuda. Que digas con orgullo "Me certifican los resultados y mi propia convicción de un trabajo bien hecho". Muchos se ufanan de haber sido certificados por uno u otro seudorreferente, algunos (no todos) de los que no conocen ni en su propia casa, los mismos que carecen del respaldo más grande que pueda tener asesor o *coach* alguno: testimonios de carne y hueso que evidencien una transformación de vida, un cambio en el patrimonio, una evaporación de miedos y depresiones, o todas las anteriores juntas. Algunos se sienten seguros de mencionar a un tercero porque no tienen autoconfianza, esa misma que brindan los resultados, para hablar en primera persona, sin vacilación, sin miedos, ni eufemismos, que intentaren disfrazar verdades. Así, no te extrañes de que te digan que los certificó Michael Jackson, Nostradamus, la madre Teresa de Calcuta, el Capitán América o Batman y Robin. Pero cuando les preguntas "¿Tienes testimonios que mostrarme?", simplemente desvían la mirada o se hacen los locos. Yo me certifico a mí mismo, por los miles de testimonios que tengo para demostrarte, y que me avalan para escribirlo sin dudar un solo instante. En Cero Imposibles, tengo una interesante actividad en la que analizamos rostros, y a partir de lo que vemos "y nos dicen esos rostros", inferimos cómo pueden ser las personas. Una de las imágenes que presento es la de una vaca blanca con manchas negras (no pienses, por favor, en muchos de los que te rodean; en este caso, es la vaca como tal, el animal), y les pregunto a los asistentes: "¿Qué ven?". Ellos, inicialmente sorprendidos, optan por el silencio y, tras unos pocos segundos, responden lo obvio: "Veo una vaca". Continúo diciéndoles: "Miren bien", y de nuevo les pregunto: "¿Qué ven?". Una segunda pregunta invita a la cautela para responder. Aun así, y quizá por timidez, siguen escogiendo el silencio. Yo les digo que veo a un padre que quiere que su hijo haga lo que él no hizo, a un profesor de emprendimiento que nunca ha emprendido, a otro de comercio exterior que jamás ha salido del país, a uno de finanzas que no tiene ingresos suficientes para pagar los gastos del mes, pero también a un sacerdote o pastor que condena el dinero y la riqueza misma, pero que al final de la eucaristía o ceremonia invita a todas las personas de buen corazón a contribuir con el funcionamiento de la Iglesia o de su causa. Podríamos ver a muchas más personas ante las cuales debes rebelarte, pero ninguna de ellas tiene la autoridad suficiente para imponerse sobre tu destino, ninguna de ellas, óyeme bien, predica con el ejemplo, y en tal virtud, no son merecedoras de tu devoción.

Así te *manipulan*

Cuántas veces te han dicho que lo mejor es dar y no recibir, que a este mundo venimos a servir, que no se trata de acumular dinero, sino de cumplir un propósito y ayudar a los demás. Todo lo anterior es cierto; sin embargo, ten mucho cuidado con lo que te escribiré a continuación. Detrás de la palabra dar se esconden muchos parásitos que devoran tu sangre y "te llevan a la muerte". Detrás de la palabra dar se camuflan aquellos, con todo para poder producir riqueza, mas no lo hacen. Detrás de la palabra dar sí que hay dudas. Qué tan inteligente es, pregunto, dar a quien no lo valora, a quien no multiplica lo dado, a quienes siguen procrastinando, postergando las cosas y perpetuando sus vicios, qué tan inteligente es dar el alimento en vez de enseñar a conseguirlo.

Hay muchos seres humanos a los que hay que ayudar. Qué maravilla ser solidario, fantástico; pero fíjate, por favor, a quién le das. No vuelvas a repetir, y lo sugiero con respeto y todo mi corazón, esa frase milenaria: "Da sin esperar nada a cambio". ¿Cómo así que da sin esperar nada a cambio? ¡Claro que hay que esperar algo a cambio! Y no para uno, que es el que da, y como si se tratara de estar cobrando por un favor prestado, sino para el que recibe. Esperas un cambio en aquel al que le das. Dile: "Mira, yo te voy a dar, porque sé que estás atravesando un momento difícil, que cualquiera podría tener, pero te encargarás de superarlo y de ayudarles a muchas personas a hacerlo". O le puedes decir: "Yo te voy a dar, pero no vas a seguir por el camino que vas, de pereza, vicios, procrastinación, excusas, conformismo y mediocridad". No solo se trata de dar, también de pedir algo a cambio, y ese cambio es la transformación de aquel al que le das.

Claro que hay momentos en los que hay que saciar el hambre, en los que la gente pueda sobrevivir o superar una urgencia. Pero cuidado: no nos quedemos ahí, porque al hacerlo estaríamos perpetuando la sobrevivencia y la pobreza. "Hoy tengo, pero si no me dan, mañana moriré de hambre", diría más de uno. Así no puede ser. Recuerda que compasión no es llorar con el que llora, sino ayudarle para que deje de llorar.

Compasión y solidaridad no son dar un alimento, sino ayudar a transformar una vida para que no vuelva a tener hambre. Hay quienes critican a muchos ricos y millonarios dizque porque dan muy poquito. Tuve la oportunidad de ver en una red social un tema de tendencia con el nombre del fundador de Amazon, Jeff Bezos. Curioso por saber qué pasaba, fui a leer los comentarios. Lo criticaban a muerte porque había hecho una donación, y en opinión de muchos, que posiblemente no han conseguido nada, era muy pequeña. Me pregunto quiénes somos nosotros para juzgar a alguien. Esa persona al menos da, otros que lo critican no dan nada.

Hay especialistas en repartir la riqueza de los demás, sin conseguir primero la propia. Recuerda: si quieres que los ricos den más, fantástico, conviértete en uno de ellos y donas toda tu fortuna. Santo remedio, problema resuelto. Qué fácil es repartir el dinero ajeno. Púrpuras de todo el planeta: solidarios, sí; dar, sí; pedir a cambio de lo que damos, también.

"Es que así se ha hecho *siempre*"

Esa frase, de entrada, ya le produce alergia al irreverente. "Esas son las reglas, esas son las políticas, esas son las órdenes que me dieron, eso siempre se ha hecho así". ¿Te han dicho cosas como esas? Estoy seguro de que cientos de veces. Más bien pregunta, de ahora en adelante, y a quien te lo diga: "¿Y estás de acuerdo con eso que me indicas? ¿No te parece mejor para ti la opción que te sugiero?". De esa forma, cuestionarás a tu interlocutor para que se examine a sí mismo, su robotizada conducta, y abrirás la puerta para una respuesta que te convenga más. De lo contrario, la costumbre, lo que siempre se ha hecho, jugará en tu contra, pues tu silencio simplemente patrocinará lo establecido, serás cómplice, y lo dejarás sin cambio alguno.

¿Sabes que se usaba montar a caballo y no en auto, y hablar a través de una operadora y no desde el celular o teléfono móvil? Lo que se usaba no tiene por qué seguirse usando si una alternativa mejor lo puede reemplazar. Créala, invéntala, pero no compres a la fuerza una costumbre o algo porque simplemente así se usa. Como lo dijéramos coloquialmente, "no te tragues ese sapo".

En las décadas anteriores, eran pocas las opciones que teníamos para comprar o vender algo. Incluso en la misma televisión escaseaban las alternativas y solo unos cuantos canales estaban a disposición. Hoy, contamos con infinitas posibilidades, y esto va desde un canal en YouTube, pasando por un auto, hasta la elección de un restaurante. Hay una absoluta atomización, infinidad de opciones. Actualmente, o eres muy diferente para llegar a muchos o muy conocedor de un nicho, dedicarte a tu 0,1% y ser un referente dentro de él. Te confieso algo: iba a poner un 1%, y es tal la cantidad de alternativas disponibles que opté finalmente por solo 0,1%. Cada vez menos se utiliza la expresión "todo el mundo lo conoce".

Naces, estudias, te casas, tienes hijos, te endeudas para comprar una casa, trabajas duro para pagarla, luego dependes de una pensión y te mueres. ¿Hay algo de malo en ese proceso? No. Lo malo es que tantos lo vean como la única opción y piensen que lo que se aparte de ello es raro, riesgoso o anormal. Lo anormal es que todo el mundo viva así, como si no existieran más alternativas de vida. Más que una vida parece un mandato, una hoja de ruta, un jean de talla única como si todos tuviésemos el mismo cuerpo en el que encajara. En Colombia, hay un simpático (y lamentable) dicho: "Tiene pie de pobre", lo que en buen romance equivale a decir que, con tal de que les regales los zapatos, cualquier talla sirve; el pie se acomodará a todo, a la fuerza, con hueso quebrado, cirugía de por medio, pero algo hará quien los reciba para que se los pueda poner. Igual ocurre con ese esquema de vida tradicional. No te los tienes que poner (vivir), si no se adecúan a tu talla (filosofía de vida). La existencia de cualquiera resultaría detestable si todo se conociera por anticipado. ¿Recuerdas lo que ocurría en los siglos anteriores, sobre todo en Europa, con los matrimonios? Los escogían las familias por conveniencia. ¿Y la novia? Bien, gracias. Acomódate, sí o sí, pues no tienes derecho a escoger. Eso le imponían. Pero resulta que estamos en el siglo XXI, y algo hemos avanzado. Al menos eso creo.

¿Recuerdas lo que era popular para ti? Ahora pregúntales por ello a tus hijos o sobrinos, y te dirán "No tengo idea de qué me hablas". Los videojuegos que ven, las aplicaciones que usan o desarrollan, simplemente te embisten, no las entiendes o con dificultad lo haces. Sin darte cuenta te vas convirtiendo en el abuelo del que decíamos que, de resucitar, volvería de inmediato a su tumba, pues no entendería el nuevo mundo y sus avances; y eso que hablamos aquí de personas que fallecieron décadas atrás. Ahora el cambio es aún más brutal. Los descubrimientos y los avances recientes se dan a una velocidad tal que eclipsan los que se registraban en lapsos muchísimo más largos, en siglos como el XIX y el XX. Pensar, hablar y escribir seguirán siendo virtudes integrales con el transcurrir de los años.

De ahí la importancia de que fortalezcas cada día tu oratoria y mentalidad. Por más máquinas, aparatos y servicios que se ofrezcan, seguiremos pensando, hablando y escribiendo, razón por la cual fortalecer lo que se supone sostenible es una virtud no menor.

La mejor forma de *explotar el pasado*

El pasado no debe condicionarte ni sabotearte en modo alguno. ¿Acaso no puede salir hoy el sol porque ayer llovió? ¿Acaso todo santo no tiene su pasado, tal y como lo expresáramos en *El día que Dios entró al banco*? Si miras la historia de personajes como Robert Downey, Jr., Tiger Woods, Eminem, Lady Gaga, y solo para citar algunos, es la de seres que superaron un pasado difícil y que luego brillaron en su género como los que más. ¿Acaso no hay experiencias, aprendizajes, sufrimiento, para que un ser pueda transformarse? ¿Somos acaso estatuas o árboles que una vez plantados permanecen inmóviles, año tras año? Coca-Cola vendió muy pocas unidades en sus primeros días en el mercado. Personas como Paulo Coelho, Friedrich Nietzsche, James Allen y Viktor Frankl tuvieron mínimas ventas en sus primeras publicaciones, y hoy son leyendas en el mundo de los libros, y más que ello, inspiradores y transformadores de vidas. Sepultura total para esa pobre frase que dice "en el desayuno se conoce cómo será el almuerzo".

Tú que lees este libro y que tienes un gen de irreverente, estás destinado a romper la historia, a triturarla y a producir una nueva. Tú que lees este libro sabes que eres el destino mismo, y que, si la naturaleza se atraviesa en tu camino, la someterás y vencerás, parafraseando a Simón Bolívar. Y lo que sea menester, que sea.

El pasado no merece reverencia alguna, pues ya no puede hacerse nada con él para cambiarlo. El pasado es lo que fue y no lo que será. El pasado no hace esfuerzos para transformarse o ser diferente, sino que es un sofá donde se sientan los perdedores a lamentarse, los que ya no sueñan y a los que solo les sirve para llorar y conformarse por lo que fue y no volverá a ser jamás.

El pasado no te debe sentenciar a nada distinto de poder leerlo y cambiarlo a tu antojo. Es un fantasma que ya no asusta. Es una máscara que no intimida. Es una estatua que yace inmóvil. Un pasado trágico no es un pasado trágico, sino solo un pasado, al que llamas trágico. Síguelo llamando enriquecedor y nunca más se vestirá de trágico.

Te dirán que llames a las cosas por su nombre. Di que ya lo estás haciendo, solo que no le pones el nombre que le ponen los demás, o por la costumbre ante la que cedieron, o por no repensarlo, o porque desconocen a ese pasado como el apalancamiento que realmente es. El irreverente, como el sabio, alejan de su mente todo pensamiento que los debilita. Muchos cargan un morral de mil kilos en sus hombros, con el que apenas se mueven y con el que jamás vuelan, mientras que otros lo utilizan como llave maestra, de peso pluma, pero capaz de abrir todo. El irreverente no acepta sentencias ni dogmas que pongan en riesgo su recursividad para ser más y lograr más. Así su pasado fuera colorido y alegre, como una pintura de Matisse, Renoir u Obregón, él no se acostumbra a ese pasado, sino que pide más, quiere más. Quedarse en los recuerdos, merced a la gloria que revisten, es renunciar implícitamente al futuro.

Utiliza tus logros para obtener más logros, no para quedarte recordándolos o hablando de ellos. Sé muy consciente de esta realidad. Favor mínimo te prestas regodeándote con lo que fue, descuidando con ello lo que será.

Cuando atisbas a alguien hablando de sus milagros y de todo lo que ha realizado, desconfías de lo que pueda seguir haciendo. Pareciera como si lo que habría de hacer en este mundo ya hubiese sido hecho, como si estuviera conforme con la tarea cumplida. No te quedes ahí. Debes estar siempre ávido, siempre ambicioso, jamás lleno.

En cierto momento, escuché a una persona de 75 años decir: "Ya no planeo a largo plazo, vivo intensamente el día de hoy, porque no sé si mañana estaré viva". La verdad es que me pareció muy inteligente su afirmación y mi inmediata reflexión sería si tú, con muchos menos años probablemente, la practicas. Te pregunto, ¿puedes garantizar que vas a vivir muchos años, o, como esa persona, podrías disponer solo de unos cuántos? Haz de cuenta que tienes 75 años y vive la vida como si mañana te fueras a morir (transformar).

Nadie tiene sangre azul

La cuna o procedencia no sirven para dimensionar la estatura moral y profesional de ser humano alguno si no se refrendan con *hechos* y *logros*. Muchos grandes de la historia, en los más disímiles géneros y escenarios, nacieron sin cuna, sin mayor estirpe o tradición, por completo plebeyos, pero mutaron a genios y no por azar o capricho cósmico. Otros, por el contrario, nacieron rodeados de oro, perlas y dinero, hijos del privilegio y de la abundancia, y sin mayores exigencias y presión se convirtieron en auténticos parásitos financieros. Me rebelo ante esa misma cuna, la mal llamada sangre azul, la procedencia o cualquier otra tradición retrógrada, y lo que se le parezca o aproxime. Soy capaz de reírme frente a quien me pregunte: "¿Oiga, y usted qué apellidos tiene? ¿Y de dónde son o cuál es su origen?". "Por favor, no me preguntes eso en pleno siglo XXI o corres el riesgo de que ebulla mi sangre y te diga que mis apellidos son de la frontera entre Marte, Saturno y tu mismo trasero. Más bien, por qué no me preguntas por mi trayectoria, por mis logros, por la transformación que he experimentado o por los testimonios de seres que he impactado y ayudado a vivir una nueva vida".

No tienes que ser de Australia, Suiza o Inglaterra para ser alguien en la vida. En *El día que Dios entró al banco*, destacaba la labor de Ricardo Castañón, boliviano de nacimiento, quien comprobó, científicamente, que la exudación de sangre humana proveniente de hostias era cierta, lo que provocó su conversión, pues fue un ateo consumado hasta los 44 años. En la misma senda, se encuentra Luis von Ahn, profesor de ciencias, científico, escritor y nombrado uno de los "diez más brillantes" por la revista *Popular Science*. Von Ahn fue mundialmente conocido por idear la *completely automated public turing test to tell computers and humans apart* (Captcha), además de ser fundador de Duolingo. Lo que posiblemente desconozcas es que este genial científico es de Guatemala. Comparto con él su interés por inventar palabras. No tenemos que esperar a que la Real Academia Española (RAE) apruebe palabras que no existen, pero que podemos crear, puesto que, además de ser mágicas, dan sabor a nuestra vida y nos permiten hacernos entender. Te recuerdo también que el mayor velocista de la historia, Usain Bolt, es de una pequeña isla del Caribe, Jamaica; que el boxeador con mayor cantidad de títulos mundiales, en distintas categorías, Manny Pacquiao, es natural de Filipinas; que uno de los inventores más prolíficos de la historia, Nikola Tesla, era de Serbia; que George Weah, Balón de Oro de la Federación Internacional de Fútbol Asociado (FIFA) en 1995, es de Liberia. ¿Suficiente, cierto? Espero que sí.

No importa el país, sino la persona, su tenacidad, su fe, su grandeza, la historia que se cuenta a sí mismo. Quienes te miran por encima del hombro cargan también con defectos, incluso, peores que los tuyos. Exígete para mejorar, pero recuerda la condición humana de quien te menosprecia.

Quizá quien lo haga se crea "grande", sin haber hecho nada; grande Dios, ese sí es grande para los que creemos (respeto si no crees). Los que te critican también pecan, van al baño, tienen miedos, defectos y frustraciones, esconden, tapan y llevan una doble vida muchas veces. Que te pidan la fotografía a ti, no tú a ellos. Ahora bien, si son grandes seres humanos, pídesela, para que te contagies de su grandeza.

Vamos por el *récord*

No te emociones con etapas ganadas, pequeños triunfos y migajas disfrazadas de recompensas. Una medida de lo que puedes hacer hacia el futuro se revela fielmente con tus reacciones a ciertos eventos.

Si tienes una reacción hiperbólica o exagerada ante un triunfo parcial o que no reviste de mayor trascendencia, mucho me temo que logros mayores, grandes o épicos te esquivarán hacia el futuro.

No debes emocionarte ante conquistas de nivel tres o cuatro cuando lo que deseas son conquistas de nivel diez. Si rozas un ataque cardiaco por tu desaforada emoción, la naturaleza será cauta al mandarte cosas mayores, que hasta pudieran derivar en la muerte. Lo tuyo debe ser inmenso, y para atraerlo, debes estar con una actitud reposada, tranquila, albergue infinito de grandes triunfos, una verdadera represa mastodóntica. Si el vaso pareciera rebosar agua, esto es, si ante un triunfo pequeño te desbordas, qué podría esperarse de ti ante una gran victoria.

La grandeza se prueba estando tranquilo ante logros que para otros pudiesen parecer epopéyicos, pero que para ti solo hacen parte de una meta intermedia hacia gestas mucho más grandes.

Cuando un entrenador de fútbol se emociona con un simple empate y un jugador lo celebra como si fuese una hazaña, están sentenciando su futura suerte: no merecemos mucho más. Nos conformamos con lo que tenemos y, por eso, lo celebramos. Ese es el mensaje que le envían al universo. Escuálido mensaje, por cierto.

Procesa esto: "No irás solo por el triunfo, sino por el récord, y no sentirás nada cuando lo logres, por extraño que te parezca". No pienses que lo que haces es mucho, pues será nada, pulverizarán tu conquista, o tú mismo lo harás, y lo que en apariencia se reviste de glorioso, te darás cuenta de que no lo es si elevas tu exigencia al juzgarlo y afinas el lente a través del cual observas tu propia realidad.

Muchos piensan en celebrar con peligrosa anticipación, se les pasa por la cabeza ser la portada de cualquier tabloide, publicación o red, antes de cruzar la meta misma, y pierden, porque quien los perseguía tenía sus ojos puestos en cumplir el objetivo, no en los aplausos y en las fiestas que produciría su triunfo. No celebres nunca antes de tiempo. Sé insaciable y frío si quieres resultados legendarios. Lee sobre el manejo de las emociones y el autocontrol en mi anterior libro *El día que Dios entró al banco*. Tómale el pelo a esa voz interior que te dice: "Piensa primero en la celebración antes que en anotar el gol. Te volverás famoso, serás alguien, el orgullo de tu familia, ganarás dinero y reconocimiento". Por favor, no hagas eso. Sabes que hay más, mucho más para ti, reservado en los más preciados cofres, guardado, listo para descubrirse, como se descubre una perla en el océano.

La mejor forma de lograrlo es no dejarte abrumar por logros parciales y transitorios, pequeños aún para lo que está en tu mente de grandeza. Frío como el hielo, reitero. Agradecido, sí, pero frío, imperturbable, una máquina lista para el siguiente logro, el próximo triunfo, una nueva conquista, una montaña más alta, situada en la misma luna, y más allá aún.

Si te visualizas ganando cien torneos, ¿te pondrás nervioso con el que estás próximo a ganar? Seguro que no. Si, por el contrario, piensas que es demasiado lo que estás por obtener, es posible que lo pierdas. He estado ante diez mil personas que me aplauden. ¿Feliz? Claro. ¿Nervioso? En absoluto. Solo lo hace parte de algo más grande. Toda una serie, no un capítulo. Ante esa cantidad de personas solo pienso que estaré ante cincuenta mil, y más tranquilo me hallo. Hay varias razones por las que no he vuelto a frecuentar los estadios de fútbol; ir a la cancha, como lo llaman en Argentina. Primero, por el pobre vocabulario que oigo, un atentado contra el español y la inteligencia. Segundo, me llama harto la atención ver a miles de personas sacrificarse por una causa que llaman equipo de fútbol, gustándome como al que más ese deporte, mientras que al mismo tiempo carecen de la determinación, la disciplina y el sacrificio alguno para defender la más importante de las causas, esto es, la suya propia, su propósito de vida. Lo dejan todo por un equipo, pero no por su vida; vaya paradoja. Tercero, sigo viendo aquí y allá los famosos olé, olé, olé, una verdadera oda a la mediocridad. El olé es la metástasis de la emoción, no respaldada por mejores resultados, sino por una burla al rival. Conformismo en estado puro.

Pobre ayuda le prestas a alguien cuando al aceptarlo como es lo haces peor, al mismo tiempo que te perjudicas a ti mismo. "Él es conformista, qué se le va a hacer" es una frase que escucho con frecuencia de personas que con esa forma de hablar y de aceptar su realidad se condenan en vida. ¿Te has dado cuenta de lo que esa frase significa? Lo dejaste conformista y, de paso, ese conformismo te perjudicará. ¿Qué tal, si más bien, en vez de aceptar al otro como es, lo tratamos como lo que será? Al hacerlo, lo hacemos mejor y ello supondrá que nos beneficiemos de ese nuevo ser. No estamos hablando de temas menores. Si tu pareja decide ver en la tele un canal u otro, eso es intrascendente y, ahí sí, aceptarlo como es no reviste mayor gravedad (a menos que abuse). Pero en otros temas, y el conformismo solo es uno de ellos, tu actitud pasiva y poco retadora mancillará la evolución de aquel ser que tanto quieres. "Él es alcohólico, pero qué se le va a hacer", "Ella es drogadicta, pero es que así fue su madre", "Él derrocha a manos llenas cuanto dinero le llega, pero es que asimismo fue su padre", "Él me golpea, pero después se le pasa, y hasta me acostumbré a ello". ¿Te estás dando cuenta de lo que estás diciendo? Aceptar eso es malo con el otro y contigo mismo. El otro no mejora, sino que pedalea en una bicicleta estática, mientras que su conducta te perjudica, o bien porque eres diferente, o bien porque le ponen un palo a la rueda de tu progreso, sin dejarte avanzar. "¿Qué hago?", te preguntarás. Retar con amor. Recuerda: reta los límites de alguien, máxime si es a quien tanto quieres. No limites sus retos. Hazle ver que está para grandes cosas, no solo para conformarse con lo que hoy tiene. Enséñale libros, videos, referentes, inspiradores, todo aquello que lo pueda hacer cambiar.

Una mirada a la *felicidad*

Ser feliz es una decisión de vida, pero disfrutar es otra cosa. Que nada ni nadie altere mi paz interior. Enciendo un fósforo en Cero Imposibles y les pregunto a los asistentes: "¿Qué ven?". Hay respuestas de diversa índole. Fuego, luz, algo que podría causar un incendio, un gran descubrimiento, entre otras. Como podrás darte cuenta, continúo diciéndoles, no se trata del objeto que ves, sino de lo que para ti produce ese objeto, y lo que haces con él. Igual ocurre con un insulto, un abandono, una violación, una estafa, una crítica. Son solo sucesos. Lo importante es lo que significan para ti, la lectura e importancia que les das y lo que hagas con ellos. Nadie te roba tu felicidad, a no ser que lo permitas.

Irreverencia y *pecados*

Para superar el *pecado* se requiere grandeza, fuerza de voluntad y gracia divina, tal y como ocurre con el perdón.

Recuerda la importancia de reemplazar un placer por otro, dejar atrás el placer que más te perjudique y acoger otro que te convenga, a ti y a esa familia que tanto quieres. Lo púrpura es no caer en el pecado, y si pecaste, resurgir y mostrar de qué estás hecho. Eso también es púrpura. Eso es irreverencia. Que tu recuperación y ejemplo de carácter inspiren a muchos para no malograr una vida, destruir un hogar o burlar un futuro promisorio. Por eso, siempre resulta de utilidad no endiosar a nadie, sea deportista, artista, escritor o político; valorar las gestas sí, pero ponderarlas adecuadamente. La pregunta de siempre es ¿qué tan buenos seres humanos son esos que vanagloriamos? Flaco favor le prestamos a quien seguimos y vitoreamos si solo miramos los goles que hizo, los *best sellers* que escribió, los premios que obtuvo, los seguidores que tiene o los votos que consiguió; todo ello palidece si está manchado por la droga, la soberbia, la trampa, la infidelidad o cualquier otro adjetivo que denigre la condición humana. Los ídolos de papel abundan, pero los grandes seres humanos escasean. La irreverencia también es con uno mismo, a través del arrepentimiento, la confesión y el perdón. El pecado que no se condena, que no genera arrepentimiento, ni se enmienda, se convierte en nuestro carcelero. Es estar en una prisión, tras las rejas, dentro de uno mismo. Ese arrepentimiento, confesión y perdón, y te lo digo con conocimiento de causa, es vencerte a ti mismo, y no hay muestra de mayor irreverencia que ello. Te revelas contra tu voz interior limitante, autocomplaciente, perezosa y mundana, que te invita a quedarte quieto, irte por las ramas, permanecer en zonas de confort, en las que nadie crece y se desarrolla, en las que pereces, mientras aún respiras.

No juzgues al pecador, pues estarás cometiendo otro pecado. Recuerda las palabras de Agustín de Hipona: "Todo santo tiene su pasado y todo pecador tiene su futuro". Es grave cometer un pecado, pero aún más grave permanecer en él, reproduciéndolo y sin aprender de lo que te llevó a pecar. Arrepentirse, de corazón y de rumbo, no elimina el pecado, pero sí que lo corrige.

Autocontrol y licor

Si el licor como tal fuera malo, Jesucristo no habría convertido el agua en vino en una boda de Caná de Galilea, lo que constituyó, por cierto, su primer milagro. Es más, su madre, la Virgen María, lo apuró a que las cantidades de vino fuesen mayores, de tal suerte que alcanzara para todos los invitados. Total, el problema no es el licor, sino el abuso. Si fuera malo, Jesucristo, el más púrpura de todos, y es solo mi opinión, les habría dicho: "Tomen agua, confórmense con ello, y punto final". Y es que el abuso logra lo contrario a lo que persigue el licor: más animosidad y alegría, ingerido con moderación. Un irreverente no se emborracha, ni se descontrola. La inteligencia y la facilidad de expresión no se pueden dejar a merced de una reacción emocional, alterada por la química de tu cuerpo. Si tienes inteligencia y facilidad de palabra, renunciar a esas fortalezas constituye una torpeza. Cuando en virtud de la cantidad de tequilas, aguardientes, vinos o piscos que te hayas tomado eres simplemente una masa ambulante y temblorosa de la que se ríen y que va de aquí para allá, habrás perdido tu mayor activo, tu as de espadas: el autocontrol. Nunca pierdas el control, esta es una poderosa herramienta que jamás debes perder, sin excusa alguna. Puedes estar contento, animado, prendido, entonado o alegre, fantástico, cualquier definición que pueda existir en el mundo que se le asemeje; pero de allí a no estar en tus cabales equivale a dejar de pensar, a renunciar a la palabra justa y estar, por ende, a merced de los depredadores; sí, tus críticos, envidiosos, quienes estarán felices de verte en un estado lamentable y risible. ¿Les darás gusto con ello? ¡No! Que se emborrachen ellos, que pierdan el control ellos y hagan cualquier estupidez, que renuncien a la virtud del equilibrio, pero tú no. Eres diferente, un ser extraordinario, que entiende que control es igual a poder, y estando ebrio no lo tendrás.

Las *fiestas*

Si lo que depara una abundante actividad social es lo que suelo ver, me ahorraré participar de ella. Si lo social produce los escuálidos intelectos que se hacen evidentes, resulta imperativo privarse de lo que no sea estrictamente urgente o que suponga una asistencia obligatoria. La soledad, practicada por genios como Tesla o Thoreau, para distanciarse del mundo, inspirarse y nutrirse de la misma naturaleza, resulta más estimulante que lugares llenos de mucho y de nada, en los que la trivialidad y el poco valor agregado abundan por doquier.

No asistas a todas las fiestas que te inviten, y si no te invitan tanto mejor. No tienes que encajar porque no eres pieza de rompecabezas. Lo tuyo es una vida distinta, que poco se entiende con el transcurrir del tiempo, y es elogiable y necesario que así ocurra. Lo que digan de ti por tu inapetencia social o por comportarte de manera extraña, a ojo de las vacas blancas, importa tan poco que no merecerá una letra adicional en este momento.

¿Cuántos años tienes *realmente*?

Si no supieras cuántos años tienes, ¿cuántos tendrías? Esta pregunta fue atribuida al legendario músico Eubie Blake, quien tenía más de 100 años y seguía trabajando cuando murió. Como lo he manifestado, la edad es un estado mental, es solo un número y, de hecho, un promedio, puesto que tenemos muchos años cuando nos creemos facultados para dar consejos: con 50 años cuando nos hallamos en una plenitud total, física y mental, para abordar lo que fuere; de unos 20 a 30 años cuando decidimos emprender y probar nuevos destinos, y con muy pocos años cuando jugamos con nuestros hijos pequeños.

A los 70 años, Isaac Asimov, uno de los autores más exitosos de los Estados Unidos, publicaba un libro nuevo cada tres semanas. A los 65 años celebró con una fiesta de no jubilación. Y en un ensayo manifestaba: "Si el mundo llegara a acabarse súbitamente, espero que me tome trabajando. Para mí, dejar de trabajar es como ser derrotado… Dejar de trabajar es matar el espíritu que le da sentido y valor a la vida". George Bernard Shaw, en su misma línea, y quien produjo sus mejores obras en la vejez, declaró que la jubilación era "una definición tentadora del infierno".

Si lo usas, se usará

Nada más ridículo que la expresión "eso no se usa", comúnmente pronunciada por el infinito rebaño de vacas blancas del planeta. ¿A quién le dicen eso? A los púrpuras, a los que se atreven, a los irreverentes, a los que a merced de su decisión de usar lo que quieren, ponerse lo que quieren, hacer lo que quieren, contrarían lo establecido, lo formal, el *statu quo*. La respuesta debe ser simple: "Ya se usa", "Yo la uso" y "Se usará". Hay quienes solo juzgan por las apariencias y dicen cosas como "Me cayó mal cuando lo conocí, me da la impresión de prepotente". Cuando les preguntas por qué, suelen decir: "¿No ves que solo tiene ropa de marca?". "¿Y por eso lo consideras prepotente? ¿Te habló o te dijo algo?". "No, pero basta ver lo que usa para imaginárselo". ¿Vas a permitir que personas con semejante actividad neuronal, con tal nivel de paradigmas y prejuicios fijen la ruta de tu vida?

Crea tu propia moda. Solo ponte lo que te haga sentir bien. Disfruta provocando si eso se te da, es una buena práctica para fortalecer tu vena irreverente y para que ninguna timidez o vergüenza te impregne. Te volverás de teflón, un ser bañado en aceite.

¿Cómo es eso de tener que vestirme como todo el mundo se viste o ponerme lo que todo el mundo se pone? Vaya mundo tan aburrido si así fuere. Inspírate en irreverentes como Coco Chanel, a quien evoqué en *Menos miedos, más riquezas*. Dedícale tiempo a la moda si te encanta la ropa. No estás perdiendo tiempo en un vestier escogiendo lo que más te gusta y las posibles combinaciones que puedes usar, sino que estás disfrutando de la vida, y eso es una virtud y no un pecado. De hecho, disfrutar de la vida es uno de los cuatro pilares en los que se sustenta mi existencia; los otros tres, valga decirlos, son ser un mejor ser humano del que fui ayer, impactar la vida de la mayor cantidad de gente posible y estar cada vez más cerca de Dios.

Que *nadie* te intimide

No te dejes intimidar de nadie. Piensa que cualquier reina o modelo va al baño, a hacer lo que todos hacemos en él, que tiene inseguridades, miedos, defectos, que esconden cicatrices e historias de culpa. No reverencies a nadie por su belleza, ni le rindas pleitesía ni te sientas menos. Las esclavas de la belleza (¡y esclavos!), por mirarse tanto en el espejo, por dedicarle interminables horas a su aspecto, han dejado de leer y nutrir su intelecto, puesto que no pueden hacer las dos cosas al mismo tiempo. Total, no son gran cosa, ni siempre dignas de admirar. Ello aplica también para que lo mires al revés, si eres una mujer. La belleza pasa de activo a pasivo cuando menos lo piensas. Por ejemplo, la mujer que piensa que su principal activo es la belleza, olvida que su principal pasivo es el tiempo. Mejor interesante, que no se te quita, que bonita. ¿Tienes las dos? ¡Fantástico! El mejor de los mundos. No mires con tanta insistencia, ignora, permanece indiferente y atraerás. No hagas lo que todo el mundo hace: reverenciar y mostrar el hambre, las cartas, las carnales intenciones. El dinero se parece mucho al arte de conquistar. Muéstrate desesperado, impaciente, evidente, y el objetivo, la persona que quieres conquistar, huye, te será esquiva y no podrás lograr esa conquista. Por el contrario, haz tu tarea, inteligente y pacientemente, "como quien no quiere la cosa", y el objetivo se logrará, la conquista será toda una realidad. Lo mismo ocurre con el dinero: da muestras de estar necesitado, diciéndote que sí o sí lo debes conseguir, y el dinero te será esquivo. Por el contrario, trabaja, haz méritos y desarrolla tu talento. Sírveles a muchos, y el dinero solo será una feliz consecuencia.

Hasta hace algunos años mi objetivo solo era el conocimiento y la enseñanza. ¿Y sabes qué pasó? Por obsesionarme con ese conocimiento y con enseñar, con servir, el dinero llegó, sin buscarlo.

Lee *El arte de la seducción*, de Robert Greene, uno de mis autores preferidos, y quien escribió también *Las 48 leyes del poder*, *Las 33 estrategias de la guerra*, *Maestría* y *Las leyes de la naturaleza humana*, todos leídos y recomendados sin vacilación. *El arte de la seducción* es una verdadera bomba de libro. Ten presente también lo relativo que es el concepto de *belleza*. Lo que para unos es bello, para otros puede no serlo. Lo que para unos es importante como concepto de belleza, para otros no lo es. Algunos concedemos más peso a lo espiritual y a lo emocional que a lo meramente físico. Marilyn Monroe, por ejemplo, era un símbolo sexual para la mayoría, pero no para mí. ¿Qué es belleza si yo veía a *Betty la fea*, *Ugly Betty*, en inglés, como una mujer encantadora y de la que me enamoraría perfectamente? "¿Te has vuelto loco, Juan Diego?", te preguntarás. En absoluto, y si me conoces sabrás de la sinceridad de mis palabras. ¿O es que acaso no enamoran la inteligencia, los valores, la ternura, la espontaneidad y la misma inocencia que ella representaba?

Un *mantra* para la enfermedad

Soy un territorio inhóspito para el cáncer, una tierra no habitable, aguas no navegables, un campo minado, con dinamita pura lista para estallar, amor infinito, un hijo de Dios, la apología del modo hervir, aún con todo por hacer. Tú verás, cáncer, si te atreves a permanecer en mí. ¿Te gusta el mantra que acabas de leer? Espero que sí. Compártelo. Llévalo a donde vayas, siempre. La mente lo puede todo.

Inmortalidad cósmica

Creo mucho en un concepto que leí de Jorge Luis Borges, *inmortalidad cósmica*, y que tiene que ver con el análisis que hice en libros anteriores en los que afirmaba que nadie se muere sin tu permiso, puesto que solo se muere quien se olvida. Ese concepto de *inmortalidad cósmica* hace referencia al hecho de que, cuando mencionas a alguien o lo recuerdas, ese alguien está presente en ti y, al evocarlo, le das una nueva vida; así desaparece el concepto tradicional de muerte. Te preguntarás "¿pero qué pasa con el cuerpo físico?". Ese alguien ya no está… No todo lo que existe tiene que verse. Si tuviera que verse, conceptos como amor, *perdón* y *oración*, que no tienen forma pero sí fondo, no existirían. El concepto de *materia* o de *cuerpo físico* tiene harto que ver con nuestros apegos y egoísmo, más que con la realidad misma, que es solo una interpretación. Queremos abrazar, tocar y besar al ser que se transformó, pero cuando estaba "vivo", curiosamente, no lo extrañábamos lo suficiente para hacer eso mismo. Ahí estaba finalmente, lo dábamos por desconta-do, disponible. La buena noticia es que la disponibilidad no se pierde del todo, solo cambia. El ser que añoramos volver a ver posiblemente esté mejor que nosotros, ya cumple otra función, quizá más importante. Ser evocado con frecuen-cia no es poca cosa. Es haber hecho algo. A mayor trascen-dencia en vida, mayor *inmortalidad cósmica*. El apego es humano, en tanto la decisión de darle vida, de otra manera, también lo es. Escoge si lloras y te flagelas por los abrazos o llamadas que te faltaron por dar, o mejor recuerdas a ese ser y, en vida, te dedicas a aquello que sientes que debes llevar a cabo y que le daría alegría a quien se transformó.

Esto, más allá de una discusión metafísica, tiene un sen-tido práctico muy importante: le das vida a lo que quieres dársela. Lo que no recuerdas, evocas, sientes o mencionas, está muerto para ti, has decidido que se muera.

La memoria es una depuración de lo que te importa, por ello, es emocional. La memoria es, en esencia, emocional; solo recordamos lo que nos importa. No tiene que ver con retención o con ser distraídos, más bien, se trata de emociones y prioridades.

2.
MAGIA Y LOCURA

A ti te pueden haber subestimado y hasta se habrán reído de ti. Te pueden haber hecho bullying o incluso haber violado, abandonado o estafado. Tantas cosas que te podrían haber hecho… Pero aquí estás, más fuerte, más erguido y con más esperanzas que nunca. En medio de tanto dolor, en medio de lágrimas y de un pasado difícil, hay algo que no te han podido quitar: tus sueños. Sí, tus sueños. Y esa sensación interior de que estás para mucho más de lo que hasta ahora has hecho. Y nadie, sin tu permiso, te podrá despojar de ese sentimiento.

El genio construye su propia realidad, que pocos entienden, sienten y visualizan, hasta que la disfrutan y la hacen suya. En este momento, aclaman al genio, ese mismo del que se burlaban y despreciaban, a quien le decían "Aterriza, estás desconectado de la realidad". Ante lo que el genio, humilde y a la vez espoleado, replicaba: "¿Pero de cuál realidad me hablas? Si hay tantas realidades y mundos como personas y prismas existen, ¿en qué unicidad pretendes que me sumerja si la realidad es solo una interpretación?".

Unicidad

Hablando de genialidad, cierto día, y siendo apenas un niño, Thomas Alva Edison llegó a su casa luego de la escuela y le dio un papel a su madre. Le manifestó: "Mamá, mi profesor me dio este papel para ti y me dijo que solo tú podrías leerlo. ¿Qué dice?". Mientras ella lo leía brotaron lágrimas de su rostro y, luego, se lo leyó a su hijo: "Su hijo es un genio. Esta escuela es demasiado pequeña para él y no tenemos suficientes profesores para entrenarlo; por favor, hágase cargo usted misma". Y así lo hizo, hasta que enfermó y murió. Muchos años después de la muerte de su madre, Edison se convirtió en uno de los más grandes inventores de la historia. Un día encontró esa misma carta, escrita por su profesor años atrás. Él la abrió y el mensaje decía: "Su hijo es mentalmente deficiente, no podemos permitirle atender más la escuela; está expulsado". En su diario, Edison escribiría: "Thomas Edison fue un niño mentalmente deficiente al que su madre transformó en un genio del siglo".

Quiero vivir pensando en lo que puedo hacer y no en lo que ya hice. Quiero vivir como Borges (así lo llamaban), quien con más de 80 años escribía, daba conferencias, citaba poemas de memoria en varios idiomas y deseaba aprender árabe. Quiero vivir como Winston Churchill, quien a los 77 años disfrutaba de su licor preferido, desde tempranas horas del día, y con total lucidez. Quiero vivir como Walt Whitman, el poeta cósmico, quien escribió hasta los 92 años, aumentando el caudal de su famosa obra poética, *Hojas de hierba*, con nueve ediciones, desde su génesis en 1855, hasta 1892, año en el que moriría quien fuera inspiración de Borges, Pablo Neruda y

Oscar Wilde. Quiero vivir como Tiziano, quien a sus 98 años le pedía a Dios unos días más de vida para terminar una pintura que realizaba; o como sus colegas, Pablo Picasso, Fernando Botero y Pierre-Auguste Renoir, pintando hasta los 90 años, el primero; por encima de los 85 años, el segundo, pintor y escultor colombiano; y a los 78 años, el tercero, y quien en el epílogo de su vida le manifestó a su hijo: "Aún no he hecho nada, todo está por hacerse, y si me toca pintar con mi pene, ya que mis manos no me lo permiten, pues con él pintaré". Quiero vivir como Mick Jagger, quien a los 75 años cantaba con la energía de un adolescente en los principales estadios del planeta, con su mítica banda, *The Rolling Stones*. Quiero vivir y morir (transformarme) como ellos, siempre ilusionados en agrandar sus gestas hasta el último suspiro, siempre determinados a ruñirse hasta el último asomo de carne que le quede al hueso, en vez de quedar adheridos a su pasado, viviendo de sus memorias y de lo mucho que hicieron. Así quiero vivir. Así quiero transformarme. ¿Quieres lo mismo?

Los momentos *difíciles*

Fui objeto de burlas hasta los 16 años en el colegio debido a mi baja estatura, sufrí de sudoración excesiva que hacía que las palmas de mis manos fueran auténticos manantiales y experimenté un acné severo en toda mi adolescencia y que se alargó hasta los primeros años de juventud. Le agradezco a la vida cada uno de esos episodios. Lo que en su momento fue incómodo, con el tiempo descubrí que me llenó de fortaleza interna, personalidad y valor para afrontar los retos que como seres humanos tenemos.

Cuando experimentas una dificultad, pareciera ser la peor del mundo. Años más tarde, y mirando por el espejo retrovisor, entiendes que esa dificultad se presentó para algo. No pasa nada memorable con aquellos a quienes nada les pasa.

Marco Aurelio, emperador y filósofo estoico romano, autor del libro *Meditaciones*, sostenía que, "si algo externo nos hace sufrir, el dolor no se debe a la cosa misma, sino a la estimación que hacemos de ella, y por eso lo podemos anular en cualquier momento". William Shakespeare también afirmó:

Siempre estoy feliz, ¿sabes por qué? Porque no espero nada de nadie, las expectativas siempre hieren. La vida es demasiado corta, así que ámala, sé feliz y mantente sonriendo. Solo vive para ti mismo. Antes de hablar, escucha; antes de escribir, piensa; antes de gastar, gana; antes de orar, perdona; antes de herir, siente; antes de odiar, ama; antes de claudicar, inténtalo; antes de morir, vive. Todo tiene un orden divino, lo que significa que, aunque nos podemos preguntar todo, nunca podremos responderlo todo, quedando solo confiar, hacer la tarea de ser mejores frente a lo que fuimos ayer y entregarnos a un ser superior [si crees en él] que te trajo a ti y a mí a este mundo, sin que todavía entendamos muy bien cómo.

Si aún no explicamos cómo crece un pelo o una simple uña, cómo poder encontrar la respuesta a los grandes misterios de la humanidad, por ejemplo, lo que ocurre después de la muerte o lo que explica un fenómeno paranormal o por qué existen los conversos o seres que se convierten. Paulo Coelho, prolífico escritor, afirmaba: "Nunca te arrepientas, ni te lamentes, de día alguno de tu vida; los buenos días te darán felicidad, los malos días experiencia, los peores días lecciones y los mejores días recuerdos". Platón sostenía también que "la realidad es creada por la mente, y podemos cambiar nuestra realidad cambiando nuestra mente".

Cómo estar más *inspirado*

¿Te has sentido alguna vez poseído por una fuerza o presencia especial dentro de ti, positiva, luminosa, con la que te sientes capaz de todo? Es fantástico. Sientes que no te perteneces, que eres guiado y que puedes hacer todo lo bueno que quieras. Tienes que estar excitado para hacer cosas distintas de las que has hecho, para producir algo memorable y trascender, al ritmo que siempre haces lo que haces, no esperes resultados diferentes (con excitación no hago alusión a lo sexual, pero sí a lo químico). Que, en tu mente, en tu cabeza, se presente una auténtica vorágine. Fácil decirlo, pero te preguntarás: "¿Y cómo lo hago?". Tres respuestas pasan por mi mente para ayudarte. La primera, y si crees en un ser superior, invocarlo, sentirte acompañado por su presencia. La segunda, una alteración química en tu cuerpo, sea provocada por la cafeína, la coca-cola, un licor moderado, varias horas consecutivas sin probar alimento, todas las anteriores combinadas o una mejor que a ti te funcione; un auténtico coctel púrpura. Lo tercero, una motivación nivel 10, brutal, que te lleve a anhelar más, a desear más, a querer más. Si solo vas de aquí para allá, de allá para acá; si solo transitas, como la mayoría, haciendo lo mismo, de llamada telefónica en llamada telefónica, de reunión en reunión, de chat en chat, un auténtico robot, un muerto en vida, un ser inerte, nada más, ¿qué tanto podemos esperar de ti?

Mira a tu alrededor. Estás en un restaurante, en un centro comercial, en tu oficina, en un parque o en un estadio. Ahora dime: ¿crees que lo que ves, seres normales en su gran mayoría, pueden hacer o crear algo importante, trascendente o histórico en las condiciones que parecen vivir? Mucho me temo que no. Esas personas necesitan algún tipo de excitación, un catalizador, una presión extra, una urgencia o un momento extremo, estar contra las cuerdas. Son seres que nacen, se reproducen y mueren. Dirás que me faltó la palabra crecen para completar la oración. La he obviado adrede. Es que no crecen, solo están, y ahí van, como fantasmas que nadie ve y que solo un milagro develaría. Si lo que estás haciendo no te sorprende, no te incomoda o no te excita, es probable que estés perdiendo el tiempo.

Nadie puede ser un grande, un distinto, comportándose normal y encajando en los estándares de una sociedad que en su mayor parte se compone de personas comunes, con logros mínimos y que solo serán recordadas por su familia, yéndoles bien.

Una persona extraordinaria e irreverente, que quiera marcar diferencia y constituirse en una leyenda en el tema de su interés, debe tener el valor y la autoconfianza suficiente para no encajar y liberarse del yugo que impone una sociedad timorata, desprovista de grandes gestas y presa del miedo al qué dirán, encadenada a lo convencional y a lo que siempre se ha hecho.

Eso, lo que siempre se ha hecho, no tiene por qué seguirse haciendo. Resulta más grato, incluso, hablarle a una cámara que a muchas personas a las que hoy les hablas. La cámara no te interrumpe, guarda todo lo que le dices y lo lleva a todo aquel que se interesa por saberlo, lo ramifica. Por el contrario, un interlocutor distraído, como suele ser quien tienes enfrente, te interrumpe, no está pensando en lo que le dices, sino en lo que él tiene para decirte y, súbitamente, no tendrá pudor alguno para manifestarte: "Dame un momento que me está entrando una llamada", si te va bien, porque podría ser peor. ¿Te ha pasado? Moraleja: háblale más a una cámara que inmortalice tus palabras que a tanto distraído y malos escuchas que hay por ahí. ¿Y te critican por ello?

Ser criticado o ridiculizado por una mayoría anodina e incolora es no haber sufrido nada, es como un pájaro que se posa en el lomo de un rinoceronte, que ni se entera de que el pájaro está ahí. Ningún daño puede causarte quien nada ha hecho.

Ni siquiera te molestes en mirar, ni de reojo es necesario. Las críticas y los supuestos consejos para que te comportes como todo el mundo lo hace, simplemente, resbalarán en una piel de aceite como la tuya, la piel del irreverente. "Un tiburón en un tanque de peces crecerá ocho pulgadas, pero en el océano crecerá ocho pies o más. El tiburón nunca superará su entorno y lo mismo le ocurre al ser humano". Muchas veces estamos rodeados de personas que no piensan en grande y, por ende, no creceremos con ellas. Cambia tu entorno y observa tu crecimiento.

Cualquier cosa que pienses tiende a ocurrir en tu vida. Si continúas creyendo como siempre has creído, continuarás actuando como siempre has actuado. Si continúas actuando como siempre has actuado, continuarás consiguiendo lo que siempre has conseguido. Si deseas diferentes resultados en tu vida o en tu trabajo, todo lo que tienes que hacer es cambiar tu mente.

3.
LAS ACTIVIDADES
DE UN IRREVERENTE

———

Disfruto partir un limón, un simple limón. Cualquier actividad cotidiana puedes convertirla en un momento de goce. Partir el limón solo me recuerda que tengo manos, sí, manos. También un cuchillo que puedo comprar. Unos ojos que me permiten verlo. Un olfato que distingue a esa jugosa fruta, ácida y terapéutica, que uso para comer. Mientras lo parto, paladeo y prefiguro lo que será deleitarme con un buen pescado o con un corte de res al que bañe ese limón. Migro a una visita a la farmacia para comprar un analgésico que mitigue un dolor de cabeza. ¿Y qué hay allí para disfrutar? Tengo el dinero para comprarlo, puedo ir en un auto cómodo, me encuentro con una que otra cara que de tiempo atrás no veía y le doy solución a mi dolor. ¿Todos pueden hacer eso? Estoy seguro de que no. Ya entiendes, disfruta todo, todo, y la vida será una bendición.

¿A qué te *dedicas*?

Trabajar mucho sin educarse financieramente equivale a pedalear en una bicicleta estática. ¿Transpiras? Sí, por supuesto. ¿Avanzas? No. Trabajar mucho es necesario, siempre y cuando estemos haciendo lo correcto. ¿Y qué es lo correcto? Desde mi punto de vista lo correcto es trabajar en tu propósito de vida, en aquello para lo que viniste al mundo, con determinación, pasión y amor, en busca de siempre serle útil a la mayor cantidad de gente posible con ese propósito. Eso es un trabajo útil, y en eso sí que vale la pena trabajar duro, más de las ocho o nueve horas diarias tradicionales. De lo contrario, no.

Trabajar mucho en un empleo que no disfrutas o que poco tiene que ver con lo que se te da, haciendo rico a otro y con el alto precio de renunciar a tu familia, a tu tranquilidad, a tus sueños, a tu tiempo libre, es un precio demasiado alto. Una vida así no vale la pena vivirla.

Si de trabajar duro se trata, los que cargan ladrillos o cajas de cemento ya serían millonarios. Y lo digo con profundo respeto. Hay personas que trabajan mucho solo para comprobar al final del mes que su dinero no alcanza y que tienen que endeudarse para completarlo. Trabajaron mucho, por supuesto, pero les pregunto a esas personas: ¿tuvieron calidad de vida, son más felices, valoraron su trabajo y les pagaron mucho más, o su salud está mejor? Suficiente ilustración. Ya conoces la respuesta. Ese trabajo duro no me interesa. No quiero ganar dinero haciendo algo que detesto.

Que lo tuyo raye en lo sibarita y lo sensual, en lo bello y lo hermoso que tiene la vida, en el hedonismo, en una epifanía descubierta a cada instante, en el regocijo en estado puro, en la magia ambulante, desplegada por el disfrute de lo que se espera y paladea.

Hacer algo por dinero, sin disfrutarlo, es sentirse alquilado, es asemejarse al piso del salón que prestan para una fiesta en la que todos bailan: usan ese piso, lo pisotean y este no denuncia su dolor, pues no lo siente; si pudiese hablar, diría: "Ya no más, basta, aléjense de mí". Por fortuna, no eres el piso del salón, tienes voz, la misma que puedes elevar hasta el infinito para que todo el universo la escuche. Que esa voz denuncie que solo harás aquello que disfrutas, lo que está en línea con tu ser esencial, lo que rime con tu propósito de vida, con lo que haces bien, con lo que gozas, pues no tienes tiempo que perder. Minúsculo favor le prestan a ser humano alguno cuando le dicen que deberían existir personas que arreglen las calles, laven la ropa, barran los pisos o limpien los baños. Como se le dice a alguien que debiera hacerlo, esa persona lo hace, no por convicción o gusto, sino porque carece de más información y de la inspiración para hacer algo mejor, y lejana es mi intención de mostrarme peyorativo. Lo sepultan, como a quien entierran mientras aún respira.

Irreverencia con las frases: "Esa labor la tiene que hacer alguien", "Por lo menos tiene trabajo", "Qué más se hace". Por favor, jamás las pronuncies. Cada una de ellas es una sentencia de muerte. Cada una se cocina en

aguas de mediocridad e ignorancia. Cada una prohíbe de manera tácita un espacio para la mejora y el ascenso.

Desconozco la génesis de cada uno de esos venenos vestidos de frases, pero hay algo cierto: primero, quien pronuncia palabras como esas ha vivido en medio de ellas y, segundo, quienes las escuchan no se encuentran muy bien rodeados. Eso está claro. Y si examinas con rigor cada una de esas frases, encontrarás que tienen tanto de discutibles como de falsas. Ni alguien tiene que hacer lo que no quiere, ni se trata de decir que tiene trabajo. Cada vez me convenzo más de que a las palabras no se las lleva el viento, sino que definen nuestra realidad. ¿Has visto un peor mensaje en las redes sociales que aquel que dice: "Cinco estrategias para soportar un trabajo que detestas"? Por favor, ¿qué exabrupto es ese? Un trabajo que detestas es merecedor solo de abandono, no de estrategias para soportarlo. ¿Acaso quienes invitan a semejantes prácticas son los representantes de la filosofía estoica, aquella que condenaba las pasiones y los deseos por medio del uso de la razón y la virtud? La vida transcurre rápidamente y, cuando menos pienses, se habrán acumulado las décadas en tu existencia. Escuálido favor te prestarás siguiendo estrategias que mitiguen el infierno de soportar un trabajo que aborreces, que no tiene que ver ni con tus fortalezas, ni mucho menos con tus sueños y ambiciones. ¿A qué vaca blanca, por favor, a qué demonio de Tasmania disfrazado de ángel, a cuál putrefacta víbora, a cuál parásito contaminado, se le habrá ocurrido invitar a flagelarse en un trabajo que se detesta a tantos seres que tienen por destino inspirar y servir?

Henry David Thoreau, citado en este libro en varias ocasiones, y quien murió a los 44 años, afirmaba al respecto:

Si no hay nada en ti que reaccione ante el despertar de la naturaleza, y si la perspectiva de un paseo a primera hora de la mañana no te lleva a prohibir el sueño, o si el gorjeo del primer azulejo no te llena de emoción, debes saber que ya has dejado atrás la mañana y la primavera de tu vida. Y será mejor que empieces a tomarte el pulso […] Si eres escritor, escribe como si tu tiempo fuera escaso, pues incluso el más prolongado es breve. Aprovecha cada ocasión en que tu alma esté colmada, apura la copa de la inspiración hasta las heces, no temas ser intemperancia en eso. Llegará el momento en que lamentarás las oportunidades perdidas […] La primavera no dura siempre. Esas temporadas fértiles y extensas de tu vida, cuando la lluvia llega a las raíces, cuando tu vigor brota, cuando se abren las flores, serán cada vez más escasas y esporádicas.

El poeta Horacio, quien murió ocho años antes del nacimiento de Jesucristo, lo diría a su manera: "Carpe diem, quam minimum credula postero", es decir, aprovecha el día, no confíes en el mañana. Y en el poema 11, del libro de sus *Odas*, afirmó:

No te preguntes cuánto tiempo te espera de vida, que lo mejor es aceptar cualquier cosa que suceda, tanto si los dioses te conceden muchos inviernos como si estás viviendo el último; y no deposites grandes esperanzas en el espacio breve de la existencia, porque, mientras ellos están hablando, el tiempo ya habrá huido.

Eres único

Son las dos de la mañana de un día cualquiera. Súbitamente me he despertado para expresar aquí lo que se me ocurrió, vaya a saber por qué. El día de ayer de ese día cualquiera, Tesla Motors, la compañía que fabrica autos eléctricos, llegó a un récord: ser la empresa de mayor valor de la historia en su género. En el mundo de la bolsa de valores, esto se conoce como la compañía de mayor capitalización bursátil o valor de mercado, que, en concreto, es el resultado de multiplicar sus acciones en circulación por el precio al que han llegado en Wall Street. Su mayor accionista y presidente, Elon Musk, se ubica en el puesto 30 de los hombres más ricos del planeta como resultado de esta valoración (seguiría ascendiendo en la escala de más ricos). El puesto en el que esté, cuando leas este libro, es lo de menos. Sobre Musk me he ocupado ya en anteriores libros y conferencias, y aquí mismo lo verás, en el capítulo destinado a irreverentes históricos, destacando su unicidad, genio y brillo. No me ocupa volver a hablar de él o de autos ahora mismo, y no estoy despierto para darte un dato que podría verse como meramente anecdótico. Mi tema es otro: aun personas como él, llenas de capacidades, de dotes naturales, como su descomunal inteligencia y determinación, y de habilidades por doquier, como leer dos libros en un día, hacen cosas menos bien que lo que tú las haces; sí, tú. La tarea que tienes no es crear una compañía que le compita a Musk en el segmento de autos eléctricos u otra que emule a SpaceX, una más de sus empresas, que tiene por objeto social enviar cohetes al espacio e investigar posibles formas de vida en otros planetas. Tu tarea es dedicarte a hacer aquello que mejor haces, incluso, personas como Musk. Y él es solo un ejemplo. Pon en la lista a muchas más celebridades del planeta y encontrarás que no se comparan contigo en algunas actividades en las que brillas y ellos no. Que esas personas lean tus libros, asistan a tus conferencias, prueben tus recetas o compren tus óleos, debido a que escribes, hablas, cocinas o pintas mejor que cualquiera, y son solo cuatro ejemplos.

Viktor Frankl, autor de uno de mis libros preferidos, *El hombre en busca de sentido*, afirmaba:

> No busquemos el éxito. Cuanto más lo queramos y busquemos, menos lo conseguiremos. Porque el éxito, como la felicidad, no puede perseguirse […] La felicidad simplemente ocurre y lo mismo puede decirse del éxito: debemos dejar que ocurra sin preocuparnos por buscarlo. Quiero que escuchemos lo que la conciencia nos dice que hagamos y lo realicemos como mejor sepamos. Veremos cómo, a largo plazo, el éxito nos buscará precisamente porque nos hemos olvidado de él.

En cierta ocasión, recibí un venenoso mensaje de un seguidor, quien preguntaba: "Usted dicta conferencias, escribe libros, realiza videos y hace *trading*, ¿pero crea industria?". Es, si se me permite la comparación, como si le preguntáramos a Picasso en su momento: "¿Usted construye aviones?", o a Henry Ford: "¿Usted ha escrito libros de poemas?".

No lo hacemos todo, ni necesitamos hacerlo todo, ni sobresalir en todo, y mucho menos si la actividad no es

104

de nuestro interés, ni rima con nuestro propósito de vida. Lo importante es que hagamos lo que nos apasiona, que cada vez lo hagamos mejor y que ayudemos con ello a muchas personas, a millones de seres humanos si es posible.

¿Una vida *balanceada*?

Si más del 90 % de tu tiempo lo dedicas a tu trabajo, puedes estar seguro de que una de estas dos cosas está sucediendo: primero, haces tu trabajo muy mal; segundo, tienes un serio desequilibrio en las actividades de tu vida, lo cual está igual de mal o, incluso, peor. Poca admiración profeso por quienes son exitosos en una de sus actividades principales, pero un verdadero desastre en otras, igual o más importantes. Un éxito profesional mancillado por un hogar en ruinas, espiritualidad cero o crecimiento emocional nulo no debería rotularse de éxito. El balanceo sí que es importante, y no hablo de reparticiones iguales de tiempos en las facetas que llamamos vida. Pero estar montado en un avión, de reunión en reunión, o pensando todo el tiempo en dinero, por citar solo tres ejemplos, poco me conmueve. Los polos opuestos tampoco me seducen. Personas con una vida solo contemplativa que viven de la renta (de otros, por lo general), o de ingresos pasivos, que carecen de retos profesionales hacia un futuro, en una clara muestra de que su pasado consumió su genio y ambición, no me llaman la atención. Son estas personas a las que coloquialmente les dicen: "Desayuna y queda sin nada más que hacer". Son muertos en vida, como aquellos que durante todos los días dedican su tiempo a jugar cartas con sus amigos, bingo, golf o a pasear al perro. No quiero ni para ti ni para mí una vida así.

No debes ser solo el papá de tus hijos, sino su ejemplo. "Sin hacer nada", ya te llamarán papá, por haber ayudado a traerlos al mundo. Ahora bien, la pregunta clave es qué clase de papá o mamá eres o serás.

Repleta está la historia de casos que parecieran perpetuarse. Ejecutivos a los que llaman exitosos, pero que no recuerdan la fecha de cumpleaños de su madre, el día de su aniversario de casados o el grado de su hermana. Mucho menos tienen tiempo para acompañar a sus hijos a la escuela y comprobar cómo van y qué opinión tienen sus profesores de ellos. No los llames de hoy en adelante "ejecutivos exitosos", una palabra muy grande para un comportamiento así. Si aun con esa información a cuestas te parecen exitosos, te pregunto por lo simple: ¿a qué precio se da ese éxito? ¿Quieres que te lo diga? A uno muy alto: al precio de una separación, de un problema de drogas o, simplemente, de ver hijos que no recordarán a sus padres por estar ahí cuando los necesitaban y en los momentos más especiales, sino cuando ante cualquier logro laboral figuraban en las redes, la televisión o periódico alguno, con una medalla colgada o un premio a cuestas. Ahora bien: acabas de leer mi posición frente al tema balance o equilibrio que debe regir la vida, sin embargo, muchos piensan y han vivido diferente. Me pregunto como irreverente qué tan necesario es que todos llevemos una vida balanceada. *A priori*, siento que muchos seres humanos extraordinarios debieron haber vivido en el desbalance, dedicándole mucho más tiempo a unas actividades que a otras, para que la mayoría pudiese vivir una vida equilibrada. Y vienen a mi mente dos personajes: uno del pasado y otro más reciente. El del pasado, Thomas Alva Edison, inventor de la bombilla eléctrica y quien disfrutaba, como también lo hacía su contemporáneo Nikola Tesla, de infinitas horas de trabajo en su laboratorio, inmerso en sus investigaciones y descubrimientos. Más recientemente, el mismo y recién citado Musk, obsesivo como el primero, y quien ha sido un trabajador compulsivo y que muchos podrían rotular de intenso. Me pregunto qué sería de la humanidad sin esos obsesivos e intensos, quienes, por emplearse a fondo en un tema que les apasionaba, sí, por sus mismos desequilibrios y vida desbalanceada, volcaron su genio a descubrir y producir cosas que hoy todos disfrutamos. El irreverente y el genio necesitan cierta asimetría en su vida para producir lo inimaginable, lo que brilla una vez producido, pero que solo salió a flote merced a una dedicación puesta a prueba de día y de noche, tras muchas gotas de sudor y momentos de fatiga. El equilibrio constante produce vidas normales, no extraordinarias, mientras que los desequilibrios transitorios son indispensables para que se produzca verdadero valor. Flaca ayuda se prestaría a una sociedad ávida de posibilidades si todos solo trabajamos de 8:00 a. m. a 6:00 p. m. o de 9:00 a. m. a 5:00 p. m., como lo hace la mayoría. Los irreverentes, los púrpuras del planeta, se desequilibran, total o parcialmente, y pueden emplear días enteros en su obra; jornadas que parecieran no tener fin, y que no los agotan, para que de ellas emerja algo sublime, memorable y que beneficie a tantos. Debo enfatizar en este punto algo que considero importante: no solo se trata de distribuir equilibradamente las horas en las distintas facetas de tu vida, sino también de imprimirles mayor calidad a esas horas. Una persona puede dedicarle dos horas diarias a la lectura, el mismo tiempo, por cierto, que pudiese dedicarle otra persona. Pero, mientras en el primer caso esas dos horas se usan leyendo sobre chismes y noticias de entretenimiento, en el segundo se emplean para leer biografías de referentes que inspiren y permitan que los días sean más felices. La calidad, entonces, de esa distribución sí que importa. Igual con el tiempo dedicado a la vida social. Mientras que, por un lado, podrías emplear unas horas departiendo con personas tóxicas, por otro, podrías emplear el mismo tiempo con seres humanos con actitud positiva, que te hablan de oportunidades y de negocios, verdaderos ejemplos a seguir; esas mismas personas que llamamos púrpuras. De nuevo: el tiempo empleado fue el mismo con unos y con otros, pero la calidad de ese tiempo y el valor agregado que produjo su uso fue lo que marcó la diferencia. Ni qué decir con actividades de entretenimiento o educación.

El mismo concierto de cuatro horas en el que te emborrachas, bailas, te ríes y que al otro día te hace poseedor de una

gran resaca o guayabo, como solemos decirle en Colombia, es el mismo tiempo que le puedes dedicar a una fantástica conferencia en un tema de tu interés y que te cambie la vida.

También disfrutaste, y no hay nada de malo en una u otra actividad, el concierto o la conferencia, solo ten presente que los resultados serán distintos. Con la conferencia, te puedes convertir en un nuevo ser y fue ella un punto de inflexión, pero me pregunto: ¿te cambió la vida un concierto o solo fue un espacio para divertirte? He ahí la diferencia entre quienes priorizan su tiempo para la educación o para el entretenimiento. Creo que ha sido suficiente la ilustración en este particular que nos ocupa, el tema balance o equilibrio de actividades, para expresar lo que quería decirte.

A veces, hay que irse hasta los extremos para ser pionero y probar nuevas tierras, a las que hubiese sido imposible llegar si nos acogemos como borregos inconsultos, seres que tragan entero, a unos mandatos impuestos por una mayoría trivial y que no ha ido más allá de los límites que las costumbres han dictado.

Contigo es diferente, púrpura. Contigo es diferente, irreverente. Te saldrás del cuadro, de la zona de confort. Pisarás nuevas tierras. Testearás nuevos límites. Abrazarás la intensidad y la obsesión como prerrequisitos de un gran trabajo, como acompañantes de la condición de genio, que te facilitan hacer posible lo que otros llamaban imposible.

La tentación de querer hacerlo *todo*

La versión de *Walden, la vida en los bosques*, de Henry David Thoreau, y que tuve oportunidad de leer, solo tenía 40 páginas; *El hombre en busca de sentido*, de Viktor Frankl, 160; *Fervor de Buenos Aires*, de Jorge Luis Borges, 64, y uno de los libros más memorables del siglo XIX, escrito por Walt Whitman, llamado *Hojas de hierba*, tuvo menos de 100 en su primera edición. De hecho, el mismo Borges, uno de mis autores preferidos como ya lo intuirás, decía que era un "desvarío laborioso y empobrecedor escribir un libro de 500 páginas, si al tiempo podía contarse, oralmente, en tan solo unos minutos". No tienes que escribir un libro de 1000 páginas para decir algo importante, generar valor o inmortalizarte. Basta un mensaje contundente, que brote de ti, original y articulado para lograr el objetivo, que trascienda, por supuesto, su número de páginas.

Pierre-Auguste Renoir no tenía que ser emprendedor, solo pintor; ni J. K. Rowling debía ser empresaria, solo escritora. Foco. ¿A qué viniste a este mundo? Sé lo mejor en eso. Con una sola actividad basta. ¿Cuál es la tuya? Cuando tienes mucha confianza en ti mismo, gran inteligencia y son muchos los temas de tu interés, quieres hacerlo todo. Esa tentación estará al acecho. No caigas en ella. No cometas ese error. La autoconfianza, la convicción y ese saber interior de poder hacerlo todo, o casi todo, nos llevan a querer escalar el Himalaya y el mismo Everest en un solo fin de semana. Cualquiera diría que no hay nada de malo con ello; sin embargo, un examen más juicioso a ese tipo de comportamientos y percepciones revelaría otra cosa.

La dispersión atenta contra un propósito de vida que quiera cumplirse a cabalidad. A ti te pueden gustar muchas actividades, disfrutarlas y pensar, incluso, que sean varios los propósitos de vida que tienes, y no solo uno. Pero mucho cuidado: tienes uno, y no te engañes.

Escoge muy bien cuál de todas esas aficiones y temas que disfrutas es el que hace que tus ojos brillen, que tu sangre ebulla y que tus palabras resuenen cuando hablas. No se trata de que ya no te guste lo que te gusta, sino, simplemente, de que ya no te dedicarás a todo, que delegarás, que te autocontrolarás y que tendrás la sapiencia para profundizar en lo que realmente te apasione. Así como un futbolista no puede jugar al mismo tiempo de arquero, mediocampista y delantero, por razones que se caen por su peso, tampoco deberás pretender hacerlo todo o, en el mismo argot futbolero, pretender cobrar el tiro de esquina e ir luego a cabecearlo, como lo destacamos desde *Hábitos de ricos*.

Mahatma Gandhi no ganó el Premio Nobel de la Paz, pese a haber sido nominado en cinco ocasiones; Lionel Messi no había ganado un mundial de fútbol en la categoría de mayores hasta yo escribir estas líneas; Jorge Luis Borges tampoco obtuvo el Premio Nobel de Literatura. ¿Se discute la grandeza de alguno de los tres? En absoluto. Haz tu trabajo, hazlo todos los días mejor, con lo que "mejor" signifique como palabra. Fortalece tus fortalezas. Así como lo lees, riégalas como si fuesen plantas para que crezcan. Que tu trabajo te enaltezca, por lo que inspiras, por los beneficios que produce, por las vidas que transforma.

Si como resultado de eso que llamamos trabajo, pero que es mucho más, llegan los premios, fantástico. De no llegar, que sepas que tienes el mejor de ellos: tu satisfacción personal, ser el orgullo de tu familia, la sonrisa de tus padres, dondequiera que se encuentren.

Decir no a muchas cosas, la mayoría de cosas que te proponen, es esencial. A título personal puedo afirmar, según mi experiencia, que son cada vez más las cosas a las que digo no. Ello incluye invitaciones a unirme a causas que ni comparto ni conozco, reuniones sociales que no siempre disfruto, ni en las que encuentro, o suelo encontrar, personas afines con mis objetivos de vida. También les digo no a conferencias que poco o nada tienen que ver con los temas que domino o me interesan. Asimismo, a muchas llamadas, reuniones de trabajo, invitaciones a grupos de WhatsApp o, incluso, a propuestas menores, pero que drenan tu energía y engullen tu tiempo, como ver largas y pesadas series de Netflix, con el pretexto, según quien te invita, de que son "maravillosas".

Lo maravilloso es poder enfocarte y hacer lo que te apasione, sentir cómo el tiempo te alcanza y, fruto de ello, beneficias día a día a más personas.

Este es mi libro número 10. ¿Crees que habría sido posible escribirlo si le digo sí, en vez de no, a muchas propuestas que me hacen? Quienes dicen sí a todo terminan siendo protagonistas de una pobre realidad, con mínimos logros y escasa trascendencia. Quisieron quedar bien con todos al decir que sí, pero quedaron mal con sí mismos.

Me preguntan "¿Cómo haces, Juan Diego, para realizar tantas cosas al tiempo?". Mi respuesta es esta: "No son al tiempo. Es solo una a la vez. Y las cosas que hago tienen que ver con mi propósito de vida. Lo demás, la inmensa mayoría de las actividades, no las realizo".

Si se me apura, podría responder con otras palabras: todo eso lo hago mientras muchos otros desperdician su tiempo en banalidades, durmiendo en exceso, viendo noticieros de televisión, "disfrutando" de sus famosas telenovelas o *realities* o con amigos tóxicos. A mí no me interesa eso. Y estoy seguro de que a ti, que lees este libro, tampoco. En su momento, le dije *no* al canal Sony, cuando me invitaron a hacer parte del programa *Negociando con tiburones*; también le dije *no* a una invitación de la firma TED, para ser *speaker* y dar una conferencia; le dije *no* a presentarme en un evento en Argentina, en el que también oficiaba de conferencista un referente en educación financiera como Robert Kiyosaki; le dije *no* a algunos fondos de pensiones cuando me invitaron a realizar presentaciones para sus empleados y afiliados; un *no* adicional le di al banco más grande de mi país, Bancolombia, cuando me invitaron a una gira de conferencias. Las razones para cada *no* son justificadas, y no es menester en este libro explicarlas. Hay algo que sí me parece clave: no pasa nada cuando dices *no*; el mundo no se acaba ni tu futuro se difumina. Lo importante es que estés consciente de la pertinencia de ese *no* y que tú, y solo tú, lo justifiques.

Cuando vas definiendo tus objetivos de vida y tatúas con hierro caliente tu propósito de vida, tanto en tu corazón como en tu cerebro, depuras las decisiones que tomas y las actividades que desarrollas. En otras palabras, te vuelves más selectivo y, sin sonrojo alguno, aprendes a decir *no* con una mayor frecuencia que antes.

No hagas nada *por descarte*

Si me dices que quieres ser el mejor mesero del planeta, el mejor mensajero de la historia, el mayor lustrabotas del continente, te lo respeto, y no veo problema en ello. Tu felicidad no se negocia con nadie, menos conmigo, a quien quizá ni conoces, y no seré la persona encargada de arruinar tus planes. Pero, si cada una de esas actividades la ejerces por descarte, debido a que no hay nada más que hacer, porque no te ha resultado algo mejor o por no tener el valor suficiente para ir por mucho más, no hay mérito en ello, y no esperes mi complicidad. Y, por favor, no me vengas a decir que te han faltado oportunidades, que tu padre no es millonario, que te ha eludido la suerte, que no tienes los ojos azules, ni mides dos metros o alguna otra excusa. Hay miles de historias de seres humanos que, con más dificultades que tú, hoy vuelan, y no solo se limitan a subsistir.

¿Qué hace que una persona que lo tiene todo para triunfar decida vivir por debajo de sus posibilidades, y por mucho tiempo? ¿Qué hace que un ser con salud, aptitudes y razones para progresar, como una familia que desea sacar adelante, desarrolle por décadas enteras actividades por las que le pagan mal, en las que poco pone a prueba sus talentos y en las que no hay reto alguno?

Me reservo un tiempo para responder, y así escanear a la distancia a esos millones de seres humanos que hacen parte de las mayorías y que jamás serán recordados por personas distintas de sus familiares y amigos. Proceso también la información en mi mente, pero, sobre todo, en mi corazón, y no condenar ni juzgar, y así ponerme en la piel del infinito ejército de mortales que no trascienden, que no se han preguntado siquiera para qué vinieron a este mundo, pero que ahí están, trabajando hasta dieciocho horas diarias, en medio de las inclemencias del clima, sin capacidad de ahorro alguna, ausentándose de su hogar y poniendo en riesgo su salud, debido a lo que con tanto esfuerzo realizan. Pero ahí siguen y, curiosamente, algunos hasta se jactan de lo que hacen y de pertenecer a la empresa en la que trabajan. Recuerdo a una señora, muy humilde, de unos 50 años, cuando trabajaba en una empresa del sector privado, a finales de la década de 1990, irrumpiendo en mi oficina para servirme el café de la mañana. En ese momento, y debo ser sincero, no estaba tatuada en mí la expresión "propósito de vida", es más, ni siquiera sabía qué significaba, y si me apuras, creo no haberla oído hasta entonces.

Hablando con esa humilde mujer, me decía, con ojos resplandecientes, "que se sentía feliz del trabajo que realizaba, en una empresa tan importante, a la que le había entregado los últimos quince años de su vida. Que había podido sacar adelante a sus tres hijos, dándoles educación y techo, y formando una verdadera familia". Hablaba con total felicidad, como si cada palabra brotara de su corazón, sin arrepentimiento alguno por haber pasado lustros en un empleo que, a ojos de cualquiera, sería visto como trivial. Esa corta historia me permite extraer una primera respuesta a la pregunta que nos mueve, esto es, ¿qué hace que la gente permanezca tanto tiempo haciendo algo tan simple y mal remunerado? Las expectativas y el punto de partida determinan, en buena medida, lo que una persona alcanza. Si alguien te dijo, y te lo creíste, que estar en una compañía de prestigio, gozando de prestaciones sociales y pudiendo pagar tus deudas era lo que necesitabas, ello bastará para que al llegar ahí entres en la llamada zona de confort, que te atrapa como pulpo, mientras transcurre el tiempo y te vuelves más viejo. Si a eso le sumamos un pasado de mínimas oportunidades, en el que se pasa hambre y no hay educación, un trabajo de esa naturaleza simplemente se ve como un salvavidas, una supervivencia en estado puro.

Qué difícil juzgar a alguien por su conformismo, a partir de condiciones tan adversas. Por eso, mi admiración hacia aquellos que, en similares circunstancias, se rebelaron ante las altas probabilidades en su contra, se convirtieron en referentes de perseverancia y fueron capaces de ir más allá de lo que el día a día les demandaba.

Aun así, creo que mi análisis no debería detenerse. Al seguir examinando esa zona de confort, nuevas respuestas salen al paso para "justificarla": el miedo, la más importante de todas. El miedo a cambiar, el miedo a la incertidumbre de no estar a la altura de las circunstancias, el miedo a no cumplir con las expectativas de la familia, el miedo a renunciar a ese pago habitual o quincena, que tanta tranquilidad otorga, pero que tantos futuros hipoteca. El precio de la seguridad es nunca amasar una fortuna importante. Los empleados suelen tener seguridad, mas no riqueza. Suelen preocuparse por

una pensión, por el dinero que les llegue, una vez finaliza-
da su actividad laboral; pero no les hables de "libertad financiera", pues es un término que los elude, y que nunca viven.
Una razón adicional, que trasciende las condiciones inicia-
les, el progreso relativo y los distintos miedos, es la mínima
autoconfianza y la inexistente sensación de grandeza que
tienen aquellos que, estando para volar, apenas gatean. No
les hables del "legado" que puedan dejar, de "trascendencia"
y de ser "leyendas vivientes"; cualquier término como esos
les resbala. A ellos les importa comer, tener un techo, diver-
tirse los fines de semana y pagar las deudas que tienen, no
más; algo adicional ya es ganancia. Desde que eran niños
faltó esa madre o ese padre, ese amigo, ese maestro o mentor que les dijera: "Estás lleno de virtudes, estás para grandes
cosas en la vida". Eso no ocurrió. Ellos probaron la violencia,
soportaron la miseria, el abandono, la exclusión, la soledad,
o todas las anteriores, una mezcla perversa, cuyos efectos se
conservan en su interior y ni siquiera el tiempo logra borrar-
los por completo.

Trata siempre a los demás como sientas que pueden
llegar a ser, y los ayudarás a serlo. Precipitarás el resultado y te convertirás en alguien difícil de olvidar, puesto que
fuiste coprotagonista de una historia épica y de transformación, que como prólogo tuvo a un ser visionario, tú, ins-
pirando y mostrándoles a las personas que parecieran estar
condenadas a realizar trabajos de poco valor agregado, que
no importa lo difícil que haya sido su pasado, o los defectos y miedos que tengan, sino sus sueños, su tenacidad, la
dedicación para conseguirlos y estar al tanto de no perder-
los de vista.

Puedes no haber escrito una línea en el pasado, ni artículo o ensayo alguno, y ello no te priva de ser un escritor exitoso si es lo que deseas ser, por citar un ejemplo. Poca gente sabe que de la obra *El alquimista*, de Paulo Coelho, de la que se han vendido más de 65 millones de copias en todo el mundo, se publicaron en sus orígenes alrededor de 900 ejemplares en una pequeña editorial brasileña. ¡Rechazaron reimprimirla! Así como lo lees. Hasta su siguiente novela, *Brida*, no se recuperó y empezó a despegar *El alquimista*.

Un púrpura o ser extraordinario debe estar imbuido de cierta dosis de rebeldía hacia imposiciones que le asignen para realizar actividades que no le hacen vibrar. No rebelarse es complacencia y contemporización. Hacer algo solo por dar gusto y por llevar el pan a la boca es una muerte lenta, un tortuoso camino hacia la hoguera.

¿Te has dado cuenta de lo que ocurre cuando pasas doce horas sin comer? Estás lleno de fuego y avidez, de pasión y hambre, física y mental. Muy diferente de lo que te ocurre cuando tu panza está repleta de alimento y tu sangre debe concentrarse en tu zona media para facilitar el metabolismo.

Igual ocurre con tus apetencias intelectuales: o deseas con hambre que el día transcurra lento porque estás inmerso en actividades con las que parecieras levitar, o, por el contrario, avanzas con letargo, ya que no disfrutas en absoluto de aquello a lo que te dedicas. Simplemente escoge.

La vida no siempre es *justa*, solo es la *vida*

Pregúntale a cualquier empleado qué es lo que más le importa de su trabajo y te dirá: "No perder mi empleo". Total, es una relación basada en el miedo y no en el progreso. Los que dicen: "Quiero desarrollar mi propósito de vida", es posible que no estén allí, trabajando para otros, haciendo ricos a otros, sin disfrutar lo que hacen. Las relaciones basadas en el miedo no conducen a vivir la vida, sino a sobrevivirla. Hay personas a quienes despiden luego de treinta años de trabajo, y en vez de recurrir a un plan B que hayan podido desarrollar en ese lapso, o a los ingresos generados a través de otras fuentes, o a disfrutar de los mismos rendimientos obtenidos por invertir el dinero que se les pagó, se dedican a criticar, a hablar mal de la empresa que los despidió y les brindó, por cierto, el sustento para vivir durante todos esos años. La injusta no es la empresa, lo condenable no es la actitud de la empresa, sino que lo injusto y lo condenable es que una persona durante tanto tiempo dependa financieramente de una única fuente de recursos o deposite en esa compañía todas sus esperanzas para que se encarguen de ella hasta el día de su muerte. Esa es una mentalidad lamentable, autocomplaciente y pobre.

> Nunca dependas de una única fuente de ingresos o del "corazón" que tenga la compañía para la que trabajaste. Crea

nuevos ingresos, nuevas actividades, pon a volar tu imaginación y lleva a la práctica ya esas ideas que tienes de tiempo atrás, para que dependas de ti, no de otros.

Marchas, paros y protestas

No marches en contra de, sino a favor de, tal y como la madre Teresa de Calcuta lo pregonaba: "No me inviten a marchar en contra de algo, sino a favor de algo". Esto, a propósito de un reproche que se le hizo por una marcha en contra de la guerra a la que ella fue invitada y no asistió. "Cuando realicen una a favor de la paz, allí estaré", sostuvo. Protesta contra ti también. Desde hace muchos años he manifestado mi sorpresa al no ver a ningún marchante protestando contra sí mismo por perezoso, conformista o desinformado. Siempre veo a las personas protestar contra otros, sea contra el Gobierno, contra su empleador, contra lo que llaman imperio, contra las multinacionales, y un sinfín de destinatarios a los que van dirigidos sus reclamos, diatribas y protestas. ¿Pero por casualidad te has encontrado con un ser humano que tenga un cartel o pancarta en el que diga: "Protesto contra mí mismo"? Ni lo has encontrado, ni lo encontrarás jamás. Los amigos de las marchas (y podrá haber unas justificadas, ni más faltaba) suelen pensar que la solución a sus problemas se encuentra en el otro, sin percatarse de que se halla en ellos mismos. Quejarse es humano, pero adaptarse es esencial. Que no se convierta en una actividad habitual estar protestando y saliendo a cuanta marcha, protesta o paro se presente, puesto que al hacerlo estarás develando tu frágil condición interior. Ten cuidado con la cultura de la queja o con exigir que todo te lo regalen o que te solucionen lo que solo tú debes solucionar.

4.
RIQUEZA MATERIAL Y ABUNDANCIA

Desconfío de quienes siempre están criticando los bienes materiales. Pienso que en el fondo de su corazón quisieran tenerlos, pero aún no pueden. Una cosa es el apego a lo material, que resulta condenable, y otra es trabajar y disfrutar de lo que se consigue, lo que resulta plausible.

Las *compras*

La felicidad por una compra no se limita a su uso o a ponerse encima lo comprado, sino que entraña un estado más prolongado de animosidad y excitación, que parte de su planeación, pasa por el coqueteo o postergación de la compra, una feliz ilusión y paladeo del bien que se estima, pero que aún no se tiene. Luego, viene la compra, el deleite y la combinación imaginaria o real de lo adquirido con otras cosas que se poseen. Tras ello, el acompañamiento de lo que se compró, que no es otra cosa que verlo adornando tu espacio, ese que te llena de alegría y da color a los días. Sabes que el bien está ahí, dispuesto a ser utilizado, junto con otros que aprecias y quieres, y que tuvieron el mismo proceso. Si lo usas o no, es secundario. Es el goce de que la belleza acompañe lo que ves, lo que hueles, porque lo adquirido destila un olor mágico, y lo sientes, hace parte de tu paisaje y microcosmos. No le digas a un ser imbuido de abundancia que solo compre lo que necesita. Ese ser, especial por naturaleza y un mismo incomprendido, sabrá darle uso a lo comprado, más allá, simplemente, de ponérselo o usarlo. La magia de esa compra subyace en la finura, la procedencia, el instante mismo que evoca esa compra, su proceso, y la alegría que te produce verla, y claro está, llegar a usarla, si así lo precisas.

Lo que más vale de un auto de lujo no es lo que ves, sino lo que no ves, lo intangible, pero que sabes que está ahí. Mucho de ello no lo usas, pero ay de aquel que lo retire del auto. No es qué tanto usas lo que compres, sino qué tanto lo disfrutas.

No necesitas todos los pelos de las cejas, ni de las pestañas, ni todos los dedos de las manos o de los pies. Tampoco lo son cada uno de los dientes que tienes en la boca. Algunos los usas más, otros menos. Pero te pregunto: ¿estarías dispuesto a que te arrancasen esos pelos, esos dedos y esos dientes? Estoy seguro de que no. Ya hacen parte de tu fisonomía, están ahí, te sientes bien con ellos, alimentan tu decorado y lo que eres.

Igual tus bienes, grandes o pequeños, costosos o baratos. Si los aprecias, que es distinto a apegarte a ellos, si

te generan satisfacción y alegría, ¿quién podría atribuirse el derecho de juzgarte por tenerlos?

No compro algo solo para ponérmelo. Lo comprado hace parte del disfrute, tiene distintas etapas que estimulan mi sensibilidad y disparan mis niveles de creatividad y goce. Si has visitado las oficinas o casas donde vivo, habrás comprobado que me encanta la materia, que amo el arte, y que mi estilo es barroco, recargado en la decoración, alejado del minimalismo que les gusta a tantos. Me gustan las cosas, verlas, sentirlas, tocarlas, olerlas. Los sentidos puestos en ellas. ¿Y sabes? Cada cosa no es solo eso, una cosa, también es un recuerdo que se evoca, una historia que la cosa permite contar, algo para apreciar y que me acompaña. Como lo dijera Richard Wagner, compositor alemán: "No me pidas que viva como un perro y que consuma ginebra corriente. Si deseo consumar la ardua y difícil tarea de crear en mi mente un mundo que aún no existe, deberé estimular mi sensualidad". ¿Cómo pretendes que un defensor de la abundancia, de los estímulos, de la belleza, tenga solo un producto por escoger? Si fuéramos a hablar de lo realmente necesario, bastarían solo tres palabras: *Dios, respiración y agua*. No se trata de no necesitar algo, sino de un feliz balanceo que, sin comprometer tu capital ni hipotecar tu futuro, te haga sentir vivo, feliz, lleno de posibilidades de elección, no condenado a escoger por defecto algo, solo para complacer a quienes condenan el materialismo a como dé lugar.

Muchos critican lo material y lo que llaman excesos de cosas, de compras y de ropa que, según ellos, sobran. "¿Para qué tener tanto en un vestier cuando otros no tienen nada que ponerse?", afirman. No veo problema si tu vestier está lleno, si eso te inspira y es el feliz resultado de un trabajo honrado y que, además, te inyecta una buena dosis de energía diaria. Cada vez que estás en él, te sientes inspirado para seguir ayudando y creando riqueza. Otros lo tienen vacío y se jactan de ser el maridaje perfecto entre desprendimiento, prudencia y espíritu de asceta. Dizque los apóstoles del minimalismo y la frugalidad, ¿pero ayudaron y repartieron riqueza como sí lo pudo haber hecho quien tiene ese vestier lleno?

Todos tenemos excesos, solo cambiamos los temas en los que nos excedemos. Algunos tienen exceso de trabajo, de palabras, de tiempo libre y unos más de vanidad. El asceta no está libre de nada. Tiene otros excesos, se precia de ser austero, ¿y sus resultados son mejores por ello?

Te hago una confesión: a muchos críticos a ultranza o *haters* que nos escriben criticándonos por cualquier cosa les decimos: "Esperamos un *link* con tu hoja de vida (lo que has hecho, tu trayectoria de logros y resultados) y los testimonios de las personas que has transformado". El *link* no llega. Nunca llega. ¿Llegaría el del asceta en el que demuestre cómo su pobreza ha ayudado a muchos a ser abundantes y disfrutar de la vida? Tengo mis dudas. Para qué tanta ropa, si no la necesitas, sería, entonces, una pregunta que sobra. ¿Y cómo sabes que no la necesito? Para afirmarlo, debes entrar en mi mente, en mi mundo, en mis necesidades. No conoces nada de ello. ¿Por qué me juzgas? Peor aún, ¿por qué habría de considerar tus palabras ante tanta subjetividad y juicio? Yo soy abundancia, disfruto de la abundancia y merezco abundancia (difícil no recordar en este momento a un "amigo transformado", Wayne Dyer, diciendo: "Soy riqueza y tengo derecho a tenerla"). Para llegar a esa abundancia, inspiré y ayudé a muchos a conseguirla. ¿A cuántos ayudaste e inspiraste con tu discurso de austeridad y corte espartano? ¿A alguno siquiera? Franz Kafka decía: "Mejor tener y no necesitar que necesitar y no tener".

Mentalidad de *abundancia*

La nevera llena, el tanque de la gasolina repleto, tu cuenta bancaria robusta, tu vestier inundado de bellas y finas opciones, tu corazón pletórico por la presencia de Dios en tu vida. Amada abundancia. Bienvenida sea ella. Los que la critican es posible que la envidien.

A nadie perjudica esa abundancia, pero sí que te beneficia. No tengas temor en buscarla, albergarla y consentirla. Imbuido de ella, la seguirás atrayendo tal y como atrae riqueza aquel que ya la tiene.

Personas tan diversas como Baruch Spinoza, filósofo, racional e inteligente; Napoleon Hill, escritor e inspirador,

estudioso y práctico; Richard Wagner, músico y compositor, sensible y creativo, citado ya, estimularon y les dieron
relieve a los mensajes de abundancia para congraciarse con
el espíritu y el genio, en pos de mejorar gestas y resultados.
¿Cuál es el problema de algunos con esa clase de mensajes?
¿Será acaso que han sido visitados por prejuicios impuestos
por otros? ¿Tendrá que ver con su propio temor a no sentirse merecedores de lo mejor? No pretendo congraciarme más
que con mi propia consciencia. Hay personas que te dicen
cosas como: "No tomes del mejor vino que haya en tu cava o
nevera, guárdalo para las visitas y consume el vino común".
No estoy de acuerdo con esa afirmación. Consume lo mejor
para ti y guarda el común para las visitas. Ahora bien, el ideal
de los mundos es que tanto las visitas como tú consuman el
mejor de los vinos. Trabaja por ello. No te pongas de último
en la fila pensando siempre en los demás.

Me llama la atención cierto tipo de comentarios en las
redes sociales en los que, refiriéndose a muchas personas
ricas del planeta, se destacan virtudes como la sencillez y la
humildad. Una u otra persona no exhibe ni sus autos, ni sus
yates, ni sus casas, ni sus relojes, ni sus correas de marca y,
en tal virtud, dizque dan un mensaje de frugalidad y prudencia, dignos de imitar. Pienso diferente. He visto fotografías
del difunto papa Juan Pablo II y del dalái-lama, abanderados
de la espiritualidad y la humildad, con un Rolex de oro en su
muñeca. Y eso no los hace menos espirituales. Bill Gates, uno
de los hombres más ricos en la historia, era citado por algunos en esas redes como ejemplo de sencillez. "Mira, Juan
Diego, él no muestra ni su ropa de marca, ni relojes osten-
tosos, ni se pasea en un Ferrari", me dicen. A esa persona en

particular le expresé: "No saques conclusiones tan rápido. Es posible que él sea como dices que es, lo cual me parece fantástico. Pero te recuerdo algo: esa misma persona que destacas por sencilla y humilde, Bill Gates, compró una casa de más de US$ 60 millones, tiene 6130 m², 24 baños y un garaje con 23 parqueaderos para sus coches". Me detengo allí, no porque no haya más detalles llamativos en su propiedad, sino porque creo dar suficiente ilustración para decir que no exhibir ciertas cosas no significa que no haya de tener otras igual o más ostentosas.

Con quiénes hablas de *abundancia*

Agatha Christie escribió 66 novelas policiales y se encuentra, junto con la Biblia y el escritor inglés William Shakespeare, en el libro de récord Guinness como la autora con mayores ventas en la historia. Si a cualquiera de ellos les dices que escribes tu libro número 10 (este que lees), lo verían con buenos ojos; pero, seguramente, en virtud de lo que hicieron, no se asombrarían. Si, por el contrario, le dices eso a una persona que no haya escrito ni siquiera un artículo, en periódico o revista alguna, es posible que te digan, como me lo dijeron en su momento: "Para ya y descansa un tiempo, quizá sea suficiente por ahora". Una conclusión importante se debe desprender de esta historia: fíjate muy bien con quién compartes tus sueños y tus objetivos. Hazlo siempre con quien haya dado ejemplo de resultados, con quien haya hecho mucho más que tú en el tema de tu interés, no con quien no haya producido logro alguno.

Existen personas pobres, materialmente hablando, que critican la abundancia y los costosos lujos que se dan muchos ricos. No obstante, antes de mirar la viga en el ojo ajeno, hay que mirarla en el propio. Son más costosos sus lujos: dormir más de ocho horas diarias, emborracharse cada fin de semana (y pagar muchas veces la cuenta de todos sus amigos), jugar loterías, depender de un salario como única fuente de ingresos, ser experto en telenovelas, *realities* y cuanta serie exista. Eso sí que me parece un lujo costoso. Se cobijan con un manto de humildad al que le veo serios remiendos. El mayor de ellos es el que lo desfigura por completo, el juicio mismo; el que lo secunda, pretender apropiarse de una verdad que no tiene, ni ha tenido, ni tendrá, un dueño único. La verdad, así como la realidad, son meras interpretaciones. Existen tantas verdades y realidades como personas hay. Por último, el más perverso y notorio de los remiendos: fungir de humilde y austero, sin haber ayudado e inspirado a nadie. Fíjate bien, entonces, con quién hablas de abundancia.

¿Cómo así que aumentar ingresos y reducir gastos?

Aumentar ingresos y reducir gastos es de lo más aburrido. Es una de esas fórmulas que tienen por fin ver crecer una riqueza que terminarán disfrutando o malgastando otros, mientras que vives una vida de trabajo y escaso goce, una vida mediocre y limitada.

Me encanta aumentar ingresos y aumentar gastos, sobre todo, aquellos que apunten a vivir más experiencias y disfrutar más la vida. Aumentar ingresos y reducir gastos hará que tengas más

dinero, el mismo que quizá despilfarren un yerno con ideas y una nuera ilustrada. Gasta por debajo de lo que te ingresa; pero, por favor, recuerda vivir la vida.

Este análisis que acabas de leer tiene aún más vigencia cuanto más vayas acumulando años. Al principio, te dirán: "Aplaza los lujos para el final", esto es, no gastes, ahorra, que después llegarán los lujos y vivirás la vida. ¿Qué es después?, pregunto. Si el mañana no está garantizado, la palabra después supone una lotería de más números, que se asemeja a otra vida, algo así como el largo plazo, o ese mismo término que John Maynard Keynes, uno de los economistas más brillantes de la historia, definía como "el periodo en el cual todos estaremos muertos".

En cierta ocasión, vi un *post* en Instagram que rezaba lo siguiente: "Warren Buffett (legendario inversionista) tiene US$87000 millones y, sin embargo, aún conserva el mismo auto Cadillac que adquirió muchos años atrás". Debo serte muy sincero, admitiendo, de entrada, que hay muchas cosas del señor Buffett, sobre todo en el tema de las inversiones, que merecen mi respeto y admiración: datos como ese me producen repulsa y, más que alabanza, condena. Datos como ese rayan en lo miserable y poco de ejemplar tiene en cuanto al uso que debe dársele al dinero, creo. Hay personas que te dicen: "No viajes tanto para que tengas más dinero. No compres tanta ropa. No salgas a cenar a los mejores restaurantes. No cambies de auto". A esas personas habría que decirles: "¿Y a ti quién diablos te dijo que mi objetivo de vida era acumular más dinero? No pretendo ser el más rico del cementerio, ni dejarle tanto dinero a mis hijos como para hacerlos inservibles y que no sepan valorar lo que con tanto esfuerzo conseguí; mucho menos, para que carezcan del espíritu necesario que debe tener un ser púrpura para incrementar la riqueza por sí mismo". ¿Te queda claro? Eso les diría a aquellos que, abrigándose con los vestidos de la prudencia y de una seudoeducación financiera limitada, pretenden darte consejos de vida, olvidando con ellos que mañana quizá sea tarde para disfrutar de lo que has acumulado con dedicación.

Abundancia y *saltos cuánticos*

A continuación, un secreto para dar saltos cuánticos, progresos rápidos. Es el siguiente. Supón que tienes US$100 000 en ahorros para vivir la vida, pagar tus gastos, deudas, el colegio de tus hijos, en fin, lo que requerimos habitualmente. Tienes dos opciones para gastarlos: la primera, gastar cada mes US$1000 de esos US$100 000, por ende, te alcanzará para 100 meses. La segunda opción ya no es gastar US$1000 mensuales, sino vivir como te lo mereces, como un rey (o reina), y darte la gran vida. Te gastarás US$20 000 mensuales para ese fin, con lo que ya no cubres 100 meses sino 5. La mayoría opta por la primera opción, sobrevivir mucho tiempo, estar sin angustias y no ponerse mucha presión. Estar tranquilos, en resumen. Yo no hago eso. Te lo repito: *no hago eso*. Prefiero la segunda alternativa. Al gastarme US$20 000, estoy viviendo como quiero, no sobreviviendo. También esa urgencia que supone que en un corto lapso se agote el dinero inducirá a que se me ocurran negocios e ideas (crear activos) que permitan seguir pagando esa vida que deseo, que disfruto, y perpetuarla. Al hacerlo, estoy enviándole un mensaje a la vida misma: me hallo feliz tal como vivo y quiero continuar así, y mejor. Asimismo, dejo atrás el miedo y voy por todo. Solo tengo fe. Cuando quieras disminuir el miedo solo debes aumentar la fe, trabajar más duro y ser más inteligente, financieramente hablando. ¿Sabes qué me ha ocurrido? ¡Que eso pasa! Es decir que, cuando siento que "se me está agotando el capital", consumiéndose los US$100 000 con rapidez, surgen negocios, brotan ideas y construyo activos que paguen la calidad de vida que deseo. Si no hago eso, sino que, por el contrario, escojo la primera opción, el mero gasto de supervivencia, estoy cambiando el mensaje: apenas si vivo, me da miedo asumir riesgos, cómo voy a gastar US$20 000 al mes. Y hay algo más: si te digo que tienes un año para hacer un trabajo que te voy a encomendar, no lo empiezas a hacer de inmediato, sino que lo haces al final. Y ese es el ser humano. La mayoría de las boletas o *tickets* que vendemos para un evento no se pagan al principio, sino que se postergan para el final. El día en el que más vende Invertir Mejor, nuestra empresa, es el 31 de diciembre, último día de la promoción de fin de año que solemos realizar. He llegado, incluso, a postear en las redes sociales imágenes de los pagos que se hacen a las 11:00 p. m. y 12:00 a. m. de esa fecha, cuando se supone que a esa hora quienes pagan deberían estar dedicados a celebrar. Si, por el contrario, te digo que no tienes un año completo para hacer el trabajo, sino que dispones de una semana, estoy seguro de que lo harás de inmediato, lo que significa que la premura, la urgencia, hará que te muevas más rápido. Te acabo de dar una receta útil para dar saltos cuánticos. Vivo como un príncipe la vida que quiero (como rey, más adelante, me falta mucho por hacer), y siempre, como sucede con la muerte, una vez sentimos que es inminente o cuando nos detectan un cáncer de pulmón, que nos obliga a dejar de fumar, reaccionamos. Ahí sí lo hacemos. Si te dijeran que vas a vivir 500 años, te relajas, e igual ocurre con los US$1000 gastados a granel, para dizque vivir 100 meses. No hagas eso.

Segundo caso para promover un *salto cuántico financiero*

Te dicen que te prestarán US$1 millón para que construyas la casa de tus sueños. En ese momento, no tienes cómo pagar el dinero, pero lo aceptas, por la razón que fuere. Esa fantástica oferta está ahí, lista para cumplir con tus deseos, y es aceptada. La primera noche no duermes, y te preguntas "¿Cómo voy a pagar un millón de dólares que no tengo?". Lo mismo ocurre con las noches sucesivas, desconozco cuántas, depende de ti. Las preguntas van y vienen. "¿Cómo pago ese dinero?" es la más recurrente. Detente. Cuando te haces preguntas, obtienes respuestas. Se te ocurrirán cosas que nunca se te habrían ocurrido de no preguntarte nada. Estás contra las cuerdas. "¿Cómo pago esa casa?". Cuanto mayor la presión, mejor el diamante. No te angusties entonces. Acumula toda la información útil que puedas, rodéate de todos los seres extraordinarios que sea posible y, más útil aún, lee todos los libros inspiradores a tu alcance. Así, crearás un arsenal, munición suficiente para que brote lo mejor de ti en momentos como esos. El que no se pregunta nada, al que no le prestaron dinero para cumplir sus sueños, nada responderá. No lo necesita.

¿Sabes por qué he progresado? Porque he estado contra las cuerdas y me hecho preguntas, y al hacerlas, he terminado por responderlas. Por cierto, esta es una historia inspirada en un caso real, de un referente en el mundo de la educación financiera y el *coaching*: Anthony Robbins, quien, cuando aún no tenía el dinero, adquirió un castillo, sí, un castillo, con una gran hipoteca incluida, y al hacerlo, se puso tanta presión que terminó por pagarlo, y le sobró luego para mucho más.

5.
IRREVERENTES HISTÓRICOS Y LECCIONES DE VIDA

———

Los referentes de irreverencia y genialidad que presento a continuación son mis amigos, con excepción de Pablo Picasso, así ellos no me conozcan y estén transformados (recuerda, lo que llaman muertos) en su gran mayoría. Y hago una observación: hablo de amigos, puesto que, para mí, amigos son los que me inspiran, los que me ayudan a ser mejor y aquellos con quienes paso mucho tiempo (leyendo y viendo sus videos), sea que estén vivos o no. Un filósofo, un político, un escritor, un artista, un psicólogo, un emprendedor, una aviadora y una novelista y filósofa hacen parte de mi selección variopinta, a la que unen estrechos lazos de indómito espíritu y trascendencia. No están por azar, eso no existe. A esos seres tampoco los evoco para biografiarlos, porque otros ya lo han hecho, y ese es su oficio. El mío es vaciar en este libro lo que más recuerdo de ellos y destaco para una publicación como esta, y para bien tuyo.

Historias de *irreverencia e inspiración*, y cómo aprovecharlas

Henry David Thoreau

Thoreau, discípulo de Ralph Waldo Emerson, publicó en 1866 un ensayo titulado *Desobediencia civil*, una auténtica apología a la irreverencia. En él afirmaba: "Toda maquinaria tiene su fricción. Pero cuando es la fricción la que llega a tener su maquinaria, y la opresión y la injusticia se organizan, no debe mantenerse por más tiempo una maquinaria de esta naturaleza". Entonces, digo: "Transgrede la ley. Haz que tu vida sea un freno para parar la máquina. Lo que tengo que hacer es procurar por todos los medios no prestarme a servir al error que condeno". Su mentor, Emerson, lo diría así: "Ante una ley inmoral, el hombre tiene la obligación de transgredirla".

Thoreau emanaba sabiduría: "Si un hombre no marcha a igual paso que sus compañeros, puede que eso se deba a que escucha un tambor diferente. Que camine al ritmo de la música que oye, aunque sea lenta y remota". Él sabía que era un ser único y que contar su vida diaria no era un menester doméstico. Sabía también que los demás hombres y mujeres no eran menos únicos. Otra de sus obras, *Walden, una vida en los bosques*, es un manifiesto entusiasta para instarlos a que se dieran cuenta de ello. Lo definitivo, lo inigualable de Thoreau, es que con él nace en el mundo un nuevo tipo de hombre culto, hasta el punto de que la propia palabra *cultura* cambia con él de sentido. "¡Fuera las hipocresías y la mojigatería de la vida! ¡Fuera las frases de moda, la etiqueta, la elegancia, la falsa cortesía! ¡Fuera todo aquello que en nombre del qué dirán los demás nos tergiversa y distorsiona!". Thoreau escribiría también:

No sé de un hecho que anime más que la incuestionable capacidad del hombre para elevar su propia vida gracias a un esfuerzo consciente. Es algo poder pintar un cuadro, o esculpir una estatua, y de esa forma hacer bellos unos pocos objetos, pero mucho más glorioso es esculpir y pintar la atmósfera a través de la cual miramos, cosa que podemos realizar moralmente. La más elevada de las artes consiste en alterar la calidad del día. Todo hombre tiene como tarea hacer su vida digna, hasta en sus menores detalles, de la contemplación de su obra más elevada y crítica. Si rechazáramos o agotáramos una información tan mezquina como la que recibimos, los oráculos nos informarían claramente acerca de cómo podría hacerse esto. Cuando estamos sin prisa y somos prudentes, percibimos que solo las cosas grandes y divinas tienen una existencia permanente y absoluta; que los temorcillos y los placeres despreciables no son sino la sombra de la realidad. Esto es siempre regocijante y sublime.

Estos breves párrafos y anotaciones que seleccioné corresponden a *Desobediencia civil y otros escritos*, de Thoreau.

En 1833, a los 16 años, Thoreau ingresa en Harvard. Allí se graduó, sin pena ni gloria, cuatro años más tarde. Lo mejor que Harvard tuvo que ofrecerle fue su biblioteca y, en verdad, que hizo buen uso de ella. Su desapego por su *alma mater* fue tal que hasta se negó a pagar un dólar por el diploma oficial que lo acreditaba como graduado. "Bástale a cada oveja su propia piel", consignó en su diario al comentar este pequeño desprecio por un cartón medio ridículo al que ni él mismo le concedía apenas importancia alguna. Thoreau propugnó sin ambages el axioma de que todos sus conciudadanos deberían, por lo pronto, invertir el precepto divino: "trabajando tan solo un día a la semana y descansando los otros seis". Thoreau resulta inclasificable e irreductible a fórmulas simplistas o etiquetas empobrecedoras. Su talante libertario y a un tiempo solidario es de una extraordinaria actualidad, como lo expresara Juan José Coy en la introducción del libro que he citado. Fue antiimperialista, en el apogeo del imperialismo norteamericano de la primera mitad del siglo XIX; defensor del derecho a pensar por uno mismo como defensa irreductible ante la avalancha de oportunismo político y compromisos ideológicos; ecologista convencido en contacto con la naturaleza cien años antes de los "verdes"; defensor acérrimo de las minorías indias en proceso de exterminio; antiesclavista convicto y confeso en plena efervescencia racial que había de culminar muy poco antes de su muerte con el estallido de la guerra civil y defensor del derecho a la pereza o reivindicador de aspectos creativos del ocio con dignidad mucho antes de la formulación de Paul Lafargue. Y todo esto hasta límites de un radicalismo que, lejos de disminuir con los años, se fue agudizando conforme pasaban. Fue un defensor ardiente y convencido de causas perdidas. No por perdidas menos justas.

Otro de los rasgos que se destacan a lo largo de su vida es el rechazo de lo establecido y sus actitudes de resistencia no violenta pero persistente, en busca de su propia libertad de pensamiento, palabra y obra. Max Lerner, en un breve, pero atinado comentario, con respecto al significado de Thoreau, lo ha sabido comprender: "Rechazó el sistema de las fábricas porque significaba la explotación de los demás; rechazó igualmente el culto al éxito y el credo puritano del trabajo constante porque ello significaba la explotación de uno mismo". Y, por ello, Thoreau prescribe la siguiente cura a las amenazas del industrialismo en expansión de su época: "La renuncia total a lo tradicional, lo convencional, lo socialmente aceptable; el rechazo de los caminos o normas de conducta ya trillados, y la inmersión total en la naturaleza". ¡Vaya personaje!

Henry Miller, gran novelista estadounidense, decía sobre Thoreau:

> Tan solo hay cinco o seis hombres en la historia de América que para mí tienen un significado. Uno de ellos es Thoreau. Pienso en él como en un verdadero representante de América, un carácter que, por desgracia, hemos dejado de forjar. De ninguna manera es un demócrata, tal y como hoy entendemos el término. Es lo que podría llamarse un "aristócrata del espíritu". O sea, lo más raro de encontrar sobre la faz de la tierra: un individuo. Está más cerca de un anarquista que de un demócrata, un comunista o un socialista. De todos modos, no le interesaba la política. Era un tipo de persona que, de haber proliferado, hubiera provocado la desaparición de los gobiernos, por innecesarios. Esta es, a mi parecer, la mejor clase de hombre que una comunidad puede producir.

Al salir de Harvard, Thoreau decide cambiar de nombre, y lo hace a su manera característica: sin acudir al registro civil, sin hacerlo de modo oficial y sin atender para nada a cuestiones legales.

También él podría afirmar aquello de que "lo menos real de mi persona es

mi realidad legal". Hace lo que quiere, porque quiere y cuando quiere, y a partir de entonces es Henry David Thoreau, no David Henry Thoreau, como había sido bautizado.

Este mundo es un lugar de ajetreo. ¡Qué incesante bullicio! Casi todas las noches me despierta el resoplido de la locomotora. Interrumpe mis sueños. No hay domingos. Sería maravilloso ver a la humanidad descansando por una vez. No hay más que trabajo, trabajo, trabajo. No es fácil conseguir un simple cuaderno para escribir ideas; todos están rayados para los dólares y los céntimos. Un irlandés, al verme tomar notas en el campo, dio por sentado que estaba calculando mis ganancias. ¡Si un hombre se cae por la ventana de niño y se queda inválido o si se vuelve loco por temor a los indios, todos lo lamentan principalmente porque eso le incapacita para… trabajar! Yo creo que no hay nada, ni tan siquiera el crimen, más opuesto a la poesía, a la filosofía, a la vida misma, que este incesante trabajar. Si un hombre pasea por el bosque por placer todos los días, corre el riesgo de que le tomen por un haragán, pero si dedica el día entero a especular cortando bosques y dejando la tierra árida antes de tiempo, se le estima por ser un ciudadano trabajador y emprendedor. ¡Como si una ciudad no tuviera más interés en sus bosques que el de talarlos! La comunidad carece del soborno capaz de tentar al hombre sabio. Puedes juntar dinero suficiente para perforar una montaña, pero no podrás juntar dinero suficiente para contratar el hombre que está ocupándose de sus asuntos.

Un hombre eficiente y valioso hace lo que sabe hacer, tanto si la comunidad le paga por ello como si no le paga. Los ineficaces ofrecen su ineficacia al mejor postor y están siempre esperando que les den un puesto. Como podemos imaginar, raramente se ven contrariados.

Si tuviera que vender mis mañanas y mis tardes a la sociedad, como hace la mayoría, estoy seguro de que no me quedaría nada por lo que vivir. Confío en que jamás venderé mi primogenitura por un plato de lentejas. Lo que pretendo sugerir es que un hombre puede ser muy trabajador y en cambio no emplear bien su tiempo. No hay mayor equivocación que consumir la mayor parte de la vida en ganarse el sustento. Haber nacido heredero de una fortuna y nada más, no es nacer, sino nacer muerto. Que a uno lo mantenga la caridad de los amigos o una pensión del gobierno, supuesto que se sigue respirando, no importa qué hermosos sinónimos se empleen, es entrar en un asilo.

Winston Churchill

A Churchill lo estudio desde que era un adolescente. He leído varias biografías que de él se han escrito, he visto con diligencia sus videos y atendido con admiración sus discursos, que me han ayudado a depurar mi oratoria. Es uno de los mejores oradores de la historia, sobre todo, por cultivar con esmero ese arte, perfeccionándolo con sus incontables apariciones públicas y nutriéndolo con infinitas anécdotas. Debo confesar que debí recortar lo que aquí leerás de este gran hombre sobre irreverencia y genio. Cada biografía me traía información nueva de tan prolífica existencia.

Tanto la absoluta confianza en sí mismo, que siempre caracterizó a Churchill, como su extraordinaria independencia emanaban de la serena tranquilidad que le hacía sentir instintivamente la consciencia de quién era y de dónde venía. Churchill sabía que provenía de la cúspide de la pirámide social y, en esa época, uno de los atributos clave de dicha clase consistía en poder permitirse el lujo de no preocuparse demasiado de lo que el resto de los mortales, situados en peldaños inferiores, pudiera pensar de ellos. "Churchill poseía un escudo mental, en palabras del parlamentario conservador Frederick Edwin Smith, que le impedía desconfiar de sí mismo". Esta capacidad habría de revelarse inestimable en aquellos periodos en los que nadie más diera la impresión de fiarse realmente de él. Le gustaba hacer caso omiso de las reglas jerárquicas, lo que muchas veces encolerizaba a quienes lo rodeaban. "Soy arrogante", diría en una ocasión, en un perspicaz ejemplo de autocrítica, "pero no engreído". El escritor Maurice Baring, estudiante del colegio Saint George, el mismo en el que estudió Churchill, afirmaba que, "según se decía, su atrevimiento sobrepasaba todo lo imaginable. Recibió una buena tanda de fuetazos por robar azúcar de la despensa y, lejos de mostrarse arrepentido, cogió el sombrero del director y lo destrozó a zapatazos". Su estancia en la escuela fue una larga e irreconciliable desavenencia con la autoridad. Sus compañeros no simpatizaban mucho con él, ya que participaban de los convencionalismos y la mojigatería predominantes. Esta falta de apoyo y de amigos debida a la afectación y el puritanismo de sus contemporáneos habría de perseguir tenazmente a Churchill durante casi todo el resto de su vida, según su biógrafo Andrew Roberts. "Siempre estoy dispuesto a aprender, diría Churchill en 1952, aunque no siempre me guste que me den lecciones". En Harrow, un prestigioso colegio privado de la Inglaterra de la época, siguió recibiendo palizas, por la triple razón de romper sistemáticamente casi todas las normas existentes, de ser en verdad incorregible y de poseer un vocabulario inagotable para replicar con insolencia.

Tal y como ha pasado en numerosos casos de la historia, su padre, político también, lord Randolph Churchill, se equivocó de monumental manera al juzgar a su hijo y hacer vislumbres sobre su futuro.

En una carta dirigida a su esposa (la duquesa de Marlborough, madre de Winston), escribió: "Winston no puede presumir de ingenio, conocimientos ni facultades de ninguna clase para un trabajo serio. Lo que sí tiene en cambio es un gran talento para la exageración jactanciosa y la simulación. No te ocultaré que supone para mí una terrible decepción". Años después, el mejor amigo de Churchill haría la siguiente observación: "Lord Randolph no distinguió nunca nada notable, nada singularmente prometedor, en un muchacho que en verdad era sobresaliente y original".

A propósito de su madre, en cierta ocasión, le dijo a su hijo: "Hacer cosas insólitas podría acarrearte muchos problemas". Churchill le replicó: "Si voy a tener que evitar hacer cosas insólitas no acierto a entender cómo voy a aumentar mis posibilidades de elevarme por encima del común de los mortales". Lo cierto es que la eventualidad de acabar convertido en una persona común y corriente provocaba poco menos que terror en el joven Winston, que necesitaba desesperadamente que se le considerara un individuo notable si quería encandilar a los electores que lo llevaran al Parlamento. "La crítica siempre trae ventajas. Me he beneficiado invariablemente de ella, en todas las épocas de mi vida, y no recuerdo un solo periodo en el que me hayan escaseado", dijo Churchill en la Cámara de los Comunes, en noviembre de 1914.

Brindemos, *Winston*

He expuesto en las redes sociales de @invertirmejor: "No se trata de cómo me sabe el licor, sino de cómo me pone. Debo admitir que un licor tomado con moderación me ha sentado históricamente bien. Siento que me recarga de energía y activa más redes neuronales. Respeto a quien no ingiera, pero no quiero hacer parte de ese club".

El irreverente que me ocupa, Churchill, y quien esto escribe, hubiésemos congraciado de maravilla en el tema etílico, aunque harto sospecho que me superaba de lejos en la variedad de lo que tomaba y en la cantidad ingerida. Ni durante la Primera ni la Segunda Guerra Mundial Churchill se privó de consumir alcohol. En enero de 1919, por ejemplo, sostuvo: "Una razonable cantidad de alcohol altera para bien nuestra actitud ante la vida. Al final de una difícil y sombría jornada de trabajo, el alcohol presta a las cosas una tonalidad más sonrosada, y es además una inestimable ayuda para el discurso y las relaciones sociales". Habiendo superado el umbral de los 65 años, llegó a decir: "Durante los últimos 48 años, puedo haber consumido un promedio diario de media botella de champán". El *brandy* y el *whisky* con soda amenizaban también sus jornadas. El 16 de febrero de 1943, Churchill se vio afectado por una neumonía y se le inflamó la base de uno de los pulmones. En su proceso de recuperación, Doris Miles, su enfermera, le escribe a su esposo Roger:

> Odia las papillas, no soporta ni la leche ni las gachas, es más bien de los que prefieren desayunar filete y cerveza. Algo que te hará reír es sin duda la tabla de ingestas líquidas del primer ministro. Viene a ser algo así: champán, 300 cm³; brandy, 600 cm³; zumo de naranja, 2 litros y medio; *whisky* con soda, 2 litros y medio. ¡¿No te deja con los ojos a cuadros?!

"Cuando era joven me hice la promesa de no tomar nunca una bebida fuerte antes de la comida, le diría Churchill al rey en enero de 1952. La regla que hoy me fijo, con 77 años, consiste en no hacerlo antes de desayunar".

Y es que a esos 77 años desayunaba a base de huevos, panceta, salchichas y café, seguido de un buen vaso de

whisky con soda y de un enorme cigarro puro, lo que provocaba la admiración general para un hombre de su edad.
En 1945, en el oasis de Fayum, y reunido con el rey Abdulá
bin Abdulaziz al Saud de Arabia Saudita, protagonizó uno
más de sus memorables, e incontables, ejemplos de irreverencia. Al informarle el chambelán del rey que estaba
prohibido fumar y beber en presencia del monarca, debido a las estipulaciones del Corán, Churchill le contestó: "Mi
religión prescribe, en cambio, y como ritual absolutamente sagrado, el disfrute de los cigarros puros y del alcohol,
antes, después, y, si es necesario, durante todas las comi-
das y los intervalos que la separan". El hombre se limitó,
según Churchill, a decir: "rendición total". El hecho de que
Churchill se negara a ceñirse a las normas y convenciones
habituales se observa, asimismo, en su inveterada costumbre de ignorar todos los letreros de "No fumar" que encontraba en su camino, o aun en la de seguir dando propinas al
personal de la Cámara de los Comunes, pese a que el comi-
té de cocina del Parlamento, controlado por los laboristas
(en 1949, y cuando era el partido opositor al de Churchill,
el Conservador), hubiera prohibido la distribución de toda
clase de gratificación.

Sobre la muerte, el egocentrismo y la genialidad

En 1915, Churchill sostuvo: "Cuando uno observa la forma,
extraordinariamente arbitraria y azarosa, con que la Provi-
dencia reparte muerte y destrucción, sin que parezca operar
ningún principio rector atento a la justicia o la conveniencia de
las cosas, se siente uno más convencido que nunca de la escasa relevancia de la vida".

Estar vivo o muerto no puede tener la importancia que le damos. La absoluta falta de toda clase de plan en esa aniquilación le hace sospechar a uno que existe un proyecto de mayor envergadura en otra parte.

"Por supuesto que soy egocéntrico". "¿Qué consiguen quienes no lo son?", afirmaría Churchill. Como lo sostiene Roberts, era de implacable oposición a las ideas de otros en caso de que juzgara que estas se interponían en su camino. Para conseguir sus propósitos, no solo recurría a todos los mecanismos a su alcance, sino que centraba plenamente la artillería de su ingeniosa e incansable mente, muy hábil en el plano político, en el objetivo que se proponía conseguir. Entre los instrumentos a su disposición, figuraban la persuasión, la cólera real o simulada, la burla, el insulto, las rabietas, la ridiculización del adversario, la mofa, el abuso y el llanto, y no dudaba en emplear esas herramientas contra cualquiera que se le opusiera o que expresara un punto de vista contrario al que ya previamente se hubiera formado él, a veces en asuntos bastante triviales. Por lo general, mostraba un dinamismo agresivo que solía juzgarse poco menos que impropio de un británico, y era profundamente contrario al culto al aficionado garboso que tanto se les había inculcado a muchos de sus contemporáneos, cuyo ideario consistía en dar por supuesto que la recompensa de la vida debía caerle a uno del cielo poco menos que por creación espontánea.

Como lo expresara el historiador Manfred Weidhorn: "Nos gustaría que los genios fuesen atentos y moderados, que se comportasen un poco a la manera del resto de los mortales, pero muy pocos genios han revelado ser así. Churchill poseía vicios inherentemente ligados a sus virtudes". Sobre este particular, y en su libro *The Revolutionist's Handbook*, George Bernard Shaw, afirmaba: "El hombre razonable se adapta al mundo; el que no lo es persiste en el empeño de adaptar el mundo a su persona. Por consiguiente, todo progreso depende del hombre irrazonable".

Churchill fue uno de los mayores individualistas de la era moderna, puesto que a lo largo de su vida siempre lo enfocó todo desde el punto de vista del individuo, y no desde el de quien pertenece a un grupo.

Churchill despreciaba la escuela, no pisó nunca las aulas universitarias, fue expulsado de un club y obligado a renunciar a otro, se alejó tanto del Partido Conservador como del Partido Liberal, y no se comportó como lo que suele denominarse "un buen cristiano".

Pese a ser hijo de un ministro de Hacienda y nieto de un duque, fue siempre un inconforme y un independiente. Se negó, incluso, a abrazar el antisemitismo, de moda en su época, pese a tratarse de un prejuicio que por entonces actuaba a modo de cemento social en buena parte de las camarillas de la sociedad respetable. Es más, hizo todo lo contrario, ya que defendió activamente el sionismo. Siempre mostró poco aprecio por la reglas y normas establecidas, lo que le hizo padecer un sinfín de problemas en la escuela; no obstante, ese carácter suyo revelaría ser una cualidad inestimable en 1940 para enfrentar lo que se avecinaba: Hitler y la guerra. Si sus contemporáneos lo consideran un individuo firme en su comportamiento, actitud, ideas o intenciones, a pesar de castigos, advertencias o consejos, es porque esa fue efectivamente su condición.

El inmenso capital político del que habría de disfrutar Churchill durante la Segunda Guerra Mundial se cimentaría en la percepción de que era un hombre capaz de decir las verdades impopulares, de expresar su verdadera opinión en cada caso, de guiarse por los impulsos del corazón, de atreverse a defender su postura en solitario y de no hacer cálculos de conveniencia personal, sino todo lo contrario, ya que acostumbraba a apoyar lo que consideraba justo en cada momento. Churchill demostró una venerable actitud de hierro ante las vicisitudes y los avatares del destino. Sin duda, una de esas mejores demostraciones quedó plasmada en un discurso, ante los integrantes de la Real Sociedad de San Jorge, en el que afirmó:

Los mismos problemas y peligros que abruman a nuestras gentes y a nuestra tierra deberían llenar de felicidad a los hombres y las mujeres de esta generación, pues no a todos les es dado el privilegio de vivir un momento como este. Debemos regocijarnos por las responsabilidades con las que ha querido honrarnos el destino, y sentirnos orgullosos de ser los guardianes de nuestro país en una época en la que se halla en juego la existencia misma de la nación.

A propósito del tema, y en referencia al rey Alfonso XIII de
España, Churchill anota en su libro *Grandes contemporáneos*:
"A los hombres y a los reyes ha de juzgárseles en los momentos en que la vida los pone a prueba. Es acertado juzgar que el
valor constituye la primera de las cualidades humanas, puesto que es la virtud que garantiza todas las demás".

Su visión sobre *el comunismo*
Churchill detestaba el comunismo. Afirmó: "Sé que las ideas
socialistas consideran que la consecución de beneficios es
una lacra, y que la extracción de grandes ganancias es algo
que debiera avergonzar a las personas. Pero yo sostengo el
punto de vista contrario. Opino que lo verdaderamente malo
es generar pérdidas".

**Y sostendría también: "El capitalismo
puede fallar en distribuir la riqueza,
pero el socialismo siempre acierta en
repartir la miseria". "Muchos miran al
empresario como un lobo que hay que
abatir; otros lo miran como la vaca que
hay que ordeñar; pero muy pocos lo
miran como el caballo que tira del carro".**

Cómo no atar en este instante las palabras de Churchill
con las de otros amigos de los que me ocuparé más adelante: Ayn Rand y Jorge Luis Borges. Rand, novelista y filósofa,
sobre el particular afirmaba:

El capitalismo exige lo mejor de cada hombre, su racionalidad, y lo recompensa en consecuencia. Deja a cada uno libre para elegir el trabajo que le gusta, especializarse en él, cambiar su producto por los productos de otros y llegar tan lejos en el camino del logro como lo lleve su capacidad y ambición. Su éxito depende del valor objetivo de su trabajo y de la racionalidad de quienes reconocen ese valor. Cuando los hombres son libres de comerciar, con la razón y la realidad como su único árbitro, cuando ningún hombre puede usar la fuerza física para obtener el consentimiento de otro, es el mejor producto y el mejor juicio el que gana en todos los campos del esfuerzo humano, y elevar el nivel de vida, y de pensamiento, cada vez más alto, para todos aquellos que participan en la actividad productiva de la humanidad.

Borges, antinacionalista, anticomunista, cercano al individuo, y no al Estado, se refería en estos términos: "El nacionalismo quiere embelesarnos con la visión de un estado infinitamente molesto; esa utopía, una vez lograda en la tierra, tendría la virtud providencial de hacer que todos anhelaran, y finalmente construyeran, su antítesis". A pesar de estar en los antípodas en materia ideológica, afirmó, en 1979, que el Premio Nobel de Literatura que ganó el chileno Pablo Neruda, comunista confeso, era merecido, y que la obra de Gabriel García Márquez, gran amigo de Fidel Castro, *Cien años de soledad*, se hallaba entre las mejores del español. Su grandeza fue más grande que la distancia ideológica y su humildad no se mancilló con esos reconocimientos; al contrario, la enaltecieron.

Churchill y su *madurez*

En mayo de 1940, cuando Churchill tenía 66 años, Roberts anotaba sobre él:

> Las experiencias acumuladas habían fraguado a tal punto su personalidad que esta no habría de sufrir ya ningún cambio perceptible en todo lo que le quedaba de vida. Contaba con una gran resolución, evidentemente; una firmeza que además podía derivar en una innegable crueldad en caso de que la ocasión lo exigiera. Sin embargo, además de esta particular disposición de ánimo, Churchill no solo poseía la virtud de saber mantener la calma en situaciones de gran presión, sino también un sentido del humor que le permitía distender con una ocurrencia cualquier circunstancia, por mala que pudiera llegar a ser. Una de tantas ocasiones reveladoras de los bríos y la energía de Winston Churchill se presenta el 14 de enero de 1942, en los Estados Unidos, y luego de pasar allí varios días. Harry Hopkins, funcionario del Gobierno de Roosevelt, afirmaba: "Tener aquí a Winston más de un par de veces al año sería verdaderamente agotador, debido a que los días no terminan hasta las dos o las tres de la madrugada, y a que a eso de las siete menos cuarto ya aparece Churchill por la puerta, sin zapatillas, preguntándome si ya he hecho alguna de las cosas examinadas en el transcurso de la noche anterior.

Fue también un hombre proteico, es decir, que cambia de formas o de ideas. Sostenía: "El único modo de que un hombre pueda mantener la coherencia en medio de la constante mutación de las circunstancias consiste en cambiar con ellas y en conservar al propio tiempo el mismo objetivo fundamental". Otro de los biógrafos de Churchill, Robert Rodas James, enumera en su descripción buena parte de los rasgos que completan su perfil: "Político, deportista, artista, orador, historiador, parlamentario, periodista, ensayista, jugador, soldado, corresponsal de guerra, aventurero, patriota, internacionalista, soñador, pragmático, estratega, sionista, imperialista, monárquico, demócrata, egocéntrico, hedonista, romántico". Como también lo dijera Roberts, para mí su mejor biógrafo y a quien más cito, fue, en efecto, todas esas cosas, pero todavía podrían añadirse unas cuantas: coleccionista de mariposas, aficionado a la caza mayor, amante de los animales, director de periódico, espía, albañil, hombre de ingenio, piloto, jinete, novelista y llorón (este último calificativo es el que le aplicaban, por cierto, el duque y la duquesa de Windsor). Churchill adoraba entregarse a sus placeres, muchas veces sibaríticos. Odiaba visceralmente a Lenin, a Trotski y a Hitler, pero la lista de personas a las que detestó casi se agota aquí, ya que es notablemente breve. Churchill era superlativamente egoísta y estaba dotado de un fuerte instinto combativo. Son evidentes los ejemplos de egocentrismo, insensibilidad y crueldad en él a lo largo de su historia. Podría ser también muy individualista, quisquilloso y testarudo, además de un gestor entrometido que tendía a controlarlo todo con tremenda minucia. No obstante, consiguió convertir en virtudes varios de estos defectos y, de hecho, era necesario que poseyera algunos de estos rasgos de carácter para poder capear la crisis que hubo de enfrentar tanto en tiempos de guerra como de paz.

"El hombre es espíritu", había dicho Churchill a los ministros de su Gobierno justo antes de presentar la dimisión en abril de 1955. Lo que pretendía indicar era que, gracias a ese espíritu, voz que entendía en el sentido de brío, inteligencia, trabajo duro, persistencia, un inmenso valor físico y moral, y por encima de todo, una férrea fuerza de voluntad (cosa que, sin duda, mostró a lo largo de toda su vida), se le abre a la persona la posibilidad de alcanzar el éxito a pesar de las limitaciones materiales. Él mismo lo consiguió, aunque para ello tuviera que superar la negligencia de sus padres, la desaprobación de sus contemporáneos, la cárcel, una docena de encuentros cara a cara con la muerte, la deshonra política, la inseguridad económica, el desastre militar, el ridículo público, la desacreditación en la prensa, las puñaladas en la espalda de sus colegas, las constantes tergiversaciones de sus palabras y propósitos, e, incluso, décadas de odio, por no mencionar más que algunos de los reveses que hubo de soportar. Sin embargo, supuesto el suficiente espíritu, Churchill estaba persuadido de que todos podemos vencer cualquier dificultad y hacer de nuestra vida una obra verdaderamente magnífica y gratificante. Su principal héroe, John Churchill, el duque de Marlborough, ganó grandes batallas y construyó el palacio de Blenheim. Su otro héroe, Napoleón, obtuvo victorias aún más sonadas y numerosas, y levantó un imperio. Sin embargo, Winston Churchill los adelantó a los dos, pues los combates que libró permitieron preservar la libertad.

Jorge Luis Borges

Conocer a Borges ha sido un revulsivo para mi vida, una epifanía. Lamento no haberlo conocido antes, aunque confieso que, con varios de sus libros ya leídos, decenas de sus videos vistos y vueltos a ver en YouTube, así como numerosos audios escuchados, he recuperado algo de ese tiempo perdido. Su actitud ante la vida en medio de tempranas adversidades (como la pérdida progresiva de la visión), su infinito amor por los libros y la literatura, su insaciable apetito por aprender, su descomunal memoria y entrañable humildad puesta de manifiesto, sobre todo, en las últimas décadas de su vida son sorprendentes, y me quedo corto. En 1963, en una entrevista concedida a *L'Express*, afirmaba: "¡Un poeta evidentemente! ¡Creo que no soy sino eso! Un poeta torpe, ¡pero un poeta… espero!".

Borges, como se le conoce y se le llamaba, fue al colegio a los 9 años, pues su padre, como buen anarquista, desconfiaba de la enseñanza estatal. Fue criado en buena parte por su abuela materna, de origen inglés, quien le enseñaba y hablaba en su lengua. Su educación fue la biblioteca de su padre; "el acontecimiento capital de mi vida", como solía decirlo. Fue objeto de *bullying* por su miopía y sus gafas. Fue antiperonista (el solo apellido Perón evitaba nombrarlo) y anticomunista. No fue nacionalista. No creía en el Estado, pero sí en el individuo. Como lo expresara su esposa, María Kodama, en su libro *Homenaje a Borges*:

Borges guarda también con su país, Argentina, una relación tensa, a contrapelo; si bien al comienzo de su carrera literaria él quería "ser argentino" y hasta compró un diccionario de argentinismos para poder escribir en argentino, pronto se dio cuenta, como decía, de que él mismo no reconocía las palabras que extraía de ese diccionario.

Comprendió que todo nacionalismo termina por encerrar y asfixiar, y que la posibilidad de trascender está dada por la amplitud de nuestra mente y de nuestro espíritu.

Una vez llega Juan Domingo Perón al poder en Argentina, en 1946, Borges y su familia son perseguidos. Borges por ese entonces trabajaba en la biblioteca municipal. Se le solicita firmar un documento de adhesión al nuevo Gobierno de Perón, a lo que declina, por considerarlo, en palabras suyas, "un gobierno cruel, arbitrario y deshonesto". Tal negativa originó su destitución y se le nombró inspector municipal para la venta de aves y huevos (dicho por el mismo Borges, y lo aclaro, puesto que es tan inverosímil esa historia que se prestó para dudar de ella, era cierta). Curiosamente, Borges le debe a este episodio que haya podido superar una extraña inhibición que le impedía hablar en público. Para ganarse la vida, y luego de perder su trabajo de bibliotecario (que había ejercido durante nueve años), comienza a dictar conferencias en instituciones que de hecho constituían focos de resistencia al régimen peronista. La necesidad hizo que ese enfermizo temor de hablar en público o dar clases desapareciese por completo. Sobre este episodio, María Kodama diría: "Borges siempre buscaba dentro de lo negativo, lo que era positivo". En un homenaje de desagravio que le fue ofrecido en su nombre, Borges sostendría: "Las dictaduras fomentan la opresión; las dictaduras fomentan el servilismo, las dictaduras fomentan la crueldad; más abominable es el hecho de que fomentan la idiotez".

El mejor *lector* de la historia

Antes de cumplir 10 años, Borges ya traducía *El príncipe feliz*, de Oscar Wilde. "Me siento en total desacuerdo con el joven pedante y dogmático que fui", diría Borges en su adultez. Luego de esos primeros años, la sencillez y sobriedad, el desdén por lo barroco y la condena de la grandilocuencia, por ser un error que nace de la vanidad, fueron características de la prosa que tuvo. Era muy tímido y tenía serias dificultades para hablar en público, como ya lo he citado, y cuando lo hacía, su voz era muy baja. De hecho, tales características, timidez y voz baja, inspiraron a su musa, amanuense, además de secretaria y esposa, María Kodama, a enseñar, cuando pensaba ella que, por su misma timidez y voz baja, no podría hacerlo.

Borges diría: "Una vieja dama inglesa me leyó las hojas del té y predijo que yo iba a viajar y ganaría mucho dinero hablando. Cuando se lo conté a mi madre nos echamos a reír, puesto que hablar en público estaba lejos de mis posibilidades".

El tiempo le daría la razón a la dama inglesa.

Borges tenía un particular estilo para leer: saltaba, releía y abandonaba los libros. Estilo que ya practico y que me ha sido de mucha utilidad para ser congruente con mi idea millonaria número 23, destacada en *Ideas millonarias*: abreviar. Si lo puedo decir hoy con menos palabras, eso sí, no cualquier palabra, tanto mejor. Borges era un lector hedónico: le daba prelación a la emoción estética que le deparaba un libro, lo que le hacía sentir. "Los libros están para emocionar; si un libro no te emociona, abandónalo", citaba. También sostenía, en su ensayo *La poesía*:

> Emerson dijo que una biblioteca es un gabinete mágico en el que hay muchos espíritus hechizados. Despiertan cuando los llamamos; mientras no abrimos un libro, ese libro, literalmente, geométricamente, es un volumen, una cosa entre las cosas. Cuando lo abrimos, cuando el libro da con su lector, ocurre el hecho estético. Y aun para el mismo lector el mismo libro cambia, cabe agregar, ya que cambiamos, ya que somos [para volver a mi cita predilecta] el río de Heráclito, quien dijo que el hombre de ayer no es el hombre de hoy y el de hoy no será el de mañana. […] He sido profesor de literatura inglesa en la Facultad de Filosofía y Letras de la Universidad de Buenos Aires y he tratado de prescindir en lo posible de la historia de la literatura. Cuando mis estudiantes me pedían bibliografía yo les decía: "No importa la bibliografía; al fin de todo, Shakespeare no supo nada de bibliografía shakesperiana". "¿Por qué no estudian directamente los textos? Si estos textos les agradan, bien; y si no les agradan, déjenlos, ya que la idea de la lectura obligatoria es una idea absurda: tanto valdría hablar de felicidad obligatoria. Creo [palabra muy usada por Borges] que la poesía es algo que se siente, y si ustedes no sienten la poesía, si no tienen sentimiento de belleza, si un relato no los lleva a saber qué ocurrió después, el autor no ha escrito para ustedes. Déjenlo de lado, que la literatura es

bastante rica para ofrecerles algún autor digno de su aten-
ción, o indigno hoy de su atención y que leerán mañana". Así he enseñado, ateniéndome al hecho estético, que no requiere ser definido. El hecho estético es algo tan eviden-te, tan inmediato, tan indefinible como el amor, el sabor de la fruta, el agua. Sentimos la poesía como sentimos la cercanía de una mujer, o como sentimos una montaña o una bahía.

Borges era modesto, con un gran sentido del humor, finas ironías y una memoria prodigiosa. Es notable verlo declamar y citar pasajes completos de libros propios y de terceros, en distintos idiomas, aun cuando mediaba la década de 1980, muy cerca de su muerte (en este caso sí que aplica una de mis palabras preferidas: transformación). "Otros idiomas me fue-ron dados, pero el alemán lo conquisté". Estudió solo el ale-mán, con un diccionario a la mano, para leer a Schopenhauer, su filósofo predilecto. Afirmaba que para él la palabra paraíso era sinónimo de biblioteca. Trabajó nueve años, que no dis-frutó, en la biblioteca pública nacional, lo que he citado ya; su trabajo lo hacía en una hora, clasificar libros, mientras que el resto del tiempo lo dedicaba a leer y escribir. En 1964, le pre-guntaron (Antonio Carrizo entrevistaba) por el mejor nove-lista que había leído. Borges respondió: "Platón". "¿Platón?", le pregunta Carrizo. "Sí, Platón", sostuvo Borges. "La filosofía es ficción. Es más, Platón inventó un gran personaje: Sócrates, gran dramaturgo". En entrevista posterior, Borges diría que esa opinión fue un plagio suyo de lo que dijo George Bernard Shaw (y que, al plagiarlo, lo ratificaba).

Borges, por medio de su abuela inglesa, tuvo acceso desde su nacimiento a otra lengua, a otra literatura, que comienza a mostrarle la diversidad del mundo. Se nutrirá de la Biblia que le acerca el mundo oriental y entrará en la magia del mundo árabe por *Las mil y una noches*, uno de sus libros preferidos. Desde niño tuvo esa necesidad de sentir el universo, de percibirlo a través de los distintos idiomas. Al español y al inglés, que fueron sus lenguas madres, se unió luego el estudio del francés, del latín y la disciplina de aprender el alemán. Esta avidez no se calmó nunca en su vida. Cuando perdió la vista, comenzó el estudio del anglosajón (un inglés antiguo) y luego del islandés, que le permitieron develar, a través de sus propias traducciones, ese mundo descubierto en la infancia.

Fiel a las enseñanzas de su padre, en cuanto a la imposibilidad de recordar, de atesorar en la memoria, la realidad tal como la vimos por primera vez, Borges descreerá de la historia. "La historia no existe, pues es la distorsión de los hechos que se sucedieron a través de las sucesivas generaciones que la contaron". Y él, un poeta, a través de la palabra inspirada por la musa, a través de la palabra sacralizada, emprenderá lo imposible: la modificación del pasado. Se dice que los hombres célebres suelen ser producto de una infancia desdichada. Se precisa a un tiempo de la rigurosa presión de las circunstancias, de las punzadas de la adversidad, del acicate de los desaires y los chascos de los primeros años, para alumbrar esa implacable firmeza de propósito, y ese tenaz buen juicio de las madres, sin el cual rara vez se alcanza a materializar una sola acción insigne.

Irreverencia y genio en estado puro

"Los hijos educan a sus padres y no al revés", frase de Jorge Guillermo Borges, papá de Jorge Luis. Afirmaba Borges que este decía: "Quiero que mis hijos cometan sus propios errores". Dichoso él por haber tenido un padre que le ha sido negado a millones de seres humanos, a quienes por mandato les han fijado un destino con el que no comulgan, ni siquiera entienden, pero por el que se parten el lomo sin saber siquiera por qué o para qué.

Espero morir ciego, sonriente y valeroso, como murieron mi padre y mi abuela (paterna). La fama, como la ceguera, me fue llegando poco a poco, nunca la había buscado. No permití que la ceguera me acobardara. La ceguera no ha sido para mí una desdicha total, no se la debe ver de un modo patético. Debe verse como un modo de vida; es uno de los estilos de vida de los hombres. Ser ciego tiene sus ventajas. Yo le debo a la sombra algunos dones: le debo el anglosajón, mi escaso conocimiento del islandés, el goce de tantas líneas, de tantos versos, de tantos poemas, y de haber escrito otro libro, titulado con cierta falsedad, con cierta jactancia: *Elogio de la sombra*. Según la sentencia socrática: ¿Quién vive más consigo mismo que un ciego? ¿Quién puede explorarse más? ¿Quién puede conocerse más a sí mismo?

Un escritor, o todo hombre, debe pensar que cuanto le ocurre es un instrumento;

todas las cosas le han sido dadas para un fin. Todo lo que le pasa, incluso las humillaciones, los bochornos, las desventuras, todo eso le ha sido dado como arcilla, como material para su arte; tiene que aprovecharlo.

Por eso yo hablé en un poema del antiguo alimento de los héroes: la humillación, la desdicha, la discordia. Esas cosas nos fueron dadas para que las transmutemos, para que hagamos de la miserable circunstancia de nuestra vida, cosas eternas o que aspiren a serlo. Si el ciego piensa así, está salvado. La ceguera es un don. No me importa ser ciego; ahora puedo vivir mis sueños con menos distracciones.

Como autor, debo confesar que esas palabras de Borges que acabas de leer sí que me conmueven y llegan a lo más profundo de mi ser; y espero que lo mismo pase dentro de ti. Ni más ni menos, es apalancamiento en estado puro, genio, irreverencia, grandeza, humildad. Todo mezclado en unas mismas frases. Un coctel mágico. Una receta con efectos terapéuticos. Era tal la trascendencia, versatilidad y universalismo de Borges que no me extrañó conocer que le gustara *The Wall*, de Pink Floyd, o que Mick Jagger, el legendario líder de The Rolling Stones, lo admirara y leyera su obra.

Su infatigable curiosidad y avidez por aprender lo distinguían, según su madre, Leonor Acevedo. En 1955, con 56 años, y completamente ciego, señaló: "Ahora quiero aprender anglosajón e islandés". Y, en 1986, antes de su muerte (o transformación), el 14 de junio del mismo año, le había dicho a su esposa, María Kodama, en Ginebra, Suiza, que le consiguiera un profesor de árabe, pues quería aprender ese idioma. Con 86 años a cuestas. ¡Genio!

Pablo Picasso

Las señoritas de Avignon (1907). ¿Dónde está la belleza de alguna de ellas?, preguntará algún desprevenido. Pero Picasso la vio. ¿Qué es belleza entonces? Igual pasa con *Los tres músicos*, una de sus célebres pinturas de óleo sobre lienzo que se ven en el Museo de Arte Moderno de Nueva York. "Dónde están que no veo los músicos. Mi niño podría pintar algo mejor", sería una posible expresión de neófito alguno. Pero esos son *Los tres músicos* para Picasso. Él los vio. Todo es relativo entonces. Lo mismo pasa con Guernica, inspirado en la época de la dictadura de Francisco Franco en España. "¿Es acaso una colcha de retazos?". No, es la manera en la que Picasso presentó una tragedia que no le fue ajena.

Entre los irreverentes que nos ocupan, difícilmente, podría encontrar uno que combine mejor lo mágico y lo perverso, a Dios y al diablo, a la grata sorpresa y a la profunda decepción. Todo ello reunido en una misma persona.

Leer una nutrida biografía de Picasso fue tan fascinante como decepcionante, debo reconocerlo, y de ahí que no lo incluya en mi lista de amigos. Debí haberle creído a rajatabla a su autora, Arianna Stassinopoulus Huffington, de quien más bebí sus líneas, cuando se atrevió, ciertamente, a describirlo como *Picasso. Creador y destructor*. Me confieso diciéndote que en más de una ocasión estuve a punto de sucumbir en la tarea de leer la biografía en su totalidad. En mi humilde opinión, la historia no ha sido justa con Picasso. Demasiado benévola. Conocemos al genio, al irreverente y al disruptor que fue. Eso no se lo quita nadie; unos y otros lo saben. Su faceta repulsiva, y soy prudente en el adjetivo, es mucho más desconocida que la que da cuenta de su brillo.

Aquí me concentraré, no obstante, en lo que quiero que te lleves para el resto de tu vida de una persona que encaja, como el que más, en el bando de los indomables, anárquicos y transgresores de la historia.

Observa bien al *niño* para que luego entiendas al *hombre*
Las primeras acciones de Picasso prefigurarían lo que vendría:

> Por ser un mal estudiante mis profesores me castigaban. El castigo consistía en dejarme encerrado, pero yo amaba el encierro, porque podría dibujar sin parar. Tales castigos eran unas vacaciones para mí y, de hecho, yo provocaba situaciones que obligaran a los profesores a castigarme. Podía estar más solo, sin nadie que me molestara, mientras pintaba, pintaba y pintaba.

Tal y como ocurrió cuando dejó su natal Málaga para ir a estudiar a Barcelona, Picasso evidenciaría desde muy joven un profundo irrespeto por las reglas, las regulaciones, los currículos y la estructura formal de la educación tradicional. Si se le solicitaba hacer algo que no quisiese hacer, o se hiciere por iniciativa propia, era ya un motivo para crear un resentimiento en él y tornar una simple tarea o petición en un gran problema. Esta profunda sensación de no encajar pareció ser alimentada tanto por el amor y predilección que le tuvo su madre como por el sentimiento paterno de tener un hijo con gran talento que albergó su padre desde temprano. Su madre, por ejemplo, creía en él incondicionalmente. Le decía: "Si tú te vuelves un soldado, serás luego un general; si te conviertes en un monje, terminarás siendo papa".

En una carta escrita a su amigo, Joaquim Bas, Picasso, quien por entonces tenía 16 años, se quejaba de que sus profesores resultaban obsoletos en la Real Academia de Bellas Artes de San Fernando en Madrid, lo mejor en arte que podía ofrecer España por aquel entonces (1897), y sobre los que afirmaba:

Trabajan con la falsa premisa de que me están enseñando algo acerca de la pintura; vaya pintores, querido Bas, no tienen nada de sentido común. Solo van y vienen, y tal y como lo sospechaba, solo se refieren a la misma basura: Velázquez para pintar y Miguel Ángel para esculpir.

Su padre atestiguó, en múltiples ocasiones, la irreverencia y el espíritu desafiante de su hijo. A pesar de ello, siempre continuó haciendo de él el centro de su vida y sin importar qué tan consistentemente Pablo le desobedeciera o decepcionara. En un monumental acto de desafío, Pablo abandonó su hogar por unas pocas semanas y se mudó a un burdel. No había ni electricidad ni agua potable, y la basura, los orines y el olor a semen se paseaban por el lugar. Estaba claro que su independencia, sumada a su vitalidad, eran ahora los elementos dominantes de su personalidad. Friedrich Nietzsche, filósofo alemán del que me ocupé en *El día que Dios entró al banco*, aportaría su grano de arena a ese espíritu indómito. "Soy el destino y tengo una existencia condicionada para toda la eternidad", había declarado. Picasso respondería a este llamado de absoluta libertad. Nietzsche y *The Will to Power* (*La voluntad de poder*) fueron un soplo para las brasas que ya crispaban dentro de todo su ser. El poder era el único valor establecido por Nietzsche para tomar el lugar del amor y los valores trascendentales que habían perdido significado para el hombre moderno. Y para Picasso, para quien esos valores trascendentales estaban asociados con la represión de la Iglesia católica en España, esa filosofía encajaba, perfectamente, en sus propias necesidades y sueños de poder.

La génesis de un *transgresor*

El 1 de febrero de 1900, Picasso tuvo su primera exhibición, con muy poco suceso, a decir verdad. Solo una nota escrita por un profesor asistente, Manuel Rodríguez, para el periódico *La Vanguardia*, dejó una crítica que se revelaría curiosa, por decir lo menos, si se le ha de juzgar por el espejo retrovisor de la historia: "Picasso tiene una extraordinaria facilidad con el lápiz y el pincel, pero es dispar, pinta por influencias externas, carece de experiencia y de cuidado alguno al pintar". Estaba claro que era la crítica de un profesor de arte incapaz de aceptar el hecho de que un artista pudiera encontrar su propio camino sin completar los estudios académicos de tradición. No sería esta la única ocasión en la que se le criticaría por su forma de pintar. Una crítica, aún más despiadada, se fue pariendo a medida que introducía su mensaje a través de la pintura. Luego de su primera exhibición en Nueva York, en abril de 1911, *Le Journal* criticó así su obra: "Un retorno a la barbarie y al primitivismo salvaje; una obra repudiable y ausente de todas las bellezas de la vida y la naturaleza". *The Craftsman* expresaba su preocupación anotando: "Si Picasso muestra en su trabajo lo que él siente acerca de la naturaleza, es difícil dejar de verlo como un delirante maniaco; algo más desconectado y horrible que la presentación de sus propias emociones sería difícil de imaginar".

Picasso llegó a París solo días antes de su cumpleaños número 19 sin hablar francés y sin lugar para alojarse. Sus comienzos no fueron fáciles y la fortuna no arribó como lo había esperado; de hecho, con desespero sintió que lo eludiría para siempre. "Así es la vida", escribió en cierta ocasión a su amigo Max Jacobs, siendo todavía un desconocido, dependiendo de sus padres y rodeado de pobres escritores e imbéciles pintores, según sus palabras, quienes no entendían nada. "Muestro lo que estoy haciendo a los artistas aquí, pero ellos piensan que hay demasiada alma y poca forma. Es muy gracioso. Tú sabes cómo hablarle a gente así; pero ellos escriben malos libros y pintan idioteces. Esa es la vida. Así es como funciona". A pesar de ello, ni la rabia ni la resignación lo detuvieron de trabajar.

Era demasiado inteligente como para preocuparse del ridículo y demasiado seguro de sí mismo para importarle lo que los demás pensaran de él. Estas dos facetas de Picasso, su atrevimiento y el desdén por las opiniones de terceros frente a su obra, añadieron el mayor puntaje para traerlo aquí, a estas líneas.

Henri Matisse, pintor contemporáneo de Picasso, uno de mis preferidos, por cierto, era su polo opuesto. Mientras Matisse perseguía serenidad en su vida no menos que en su arte, Picasso era conflicto, agitación, dudas y ansiedades sobre su tiempo. "Lo que sueño, decía Matisse, es el arte del balance, de la pureza y la serenidad, libre de preocupaciones o de intranquilizantes temas, una apaciguadora influencia". Mientras tanto Picasso no tenía un objetivo intelectual claro, solo una gran urgencia para desafiar, provocar conmoción, destruir y rehacer el mundo. La gran fascinación que ellos se profesaban era la de los polos opuestos. "Yo no busco, yo encuentro", diría una vez Picasso en relación con su arte. Su calidez, su poderosa psiquis, su vocación por seducir y su magnetismo animal trascendían fácilmente el lenguaje y la nacionalidad. De ahí su habilidad para conquistar y vivir incontables romances.

El gran mérito de Picasso fue desafiar unas convenciones, un *statu quo*

y ser ante todo sí mismo al pintar. Lo anterior no es poca cosa; de hecho, es una verdadera quijotada.

El mejor ejemplo de ello fue la explosiva obra, un punto de ruptura en el mundo del arte, citada ya: *Las señoritas de Aviñón*. Según Max Jacob, "cinco horribles mujeres, prostitutas que repelían en vez de atraer, y cuyos rostros eran máscaras primitivas que desafiaban no solo a la sociedad sino a la humanidad entera". El círculo cercano a Picasso estaba horrorizado. A él no le importó. Cuanto menos respondía el mundo que le rodeaba a lo que estaba haciendo, más feroz se volvía su compromiso de ir hasta el final (*to go all the way*). En una carta escrita a Daniel-Henry Kahnweiler, escritor y promotor del movimiento cubista, y quien le había dicho que uno de sus más importantes y leales coleccionistas no gustaba de su más reciente trabajo, Picasso le decía: "Está bien. Me alegro de que no le haya gustado. A este ritmo disgustaremos al mundo entero". El mundo no lo había aceptado, y él lo rechazaría. Esta era la lógica de un niño herido, con una monumental arrogancia, que le fue útil durante tiempos difíciles, de soledad, cuando pocos podían entender lo que estaba haciendo. He destacado que el ego es un comodín, que lo usas cuando lo necesitas, que no es ni bueno ni malo per se, solo un comodín. Carecer de ego alguno, cuando se requiere, puede ser tan inconveniente como excederse en él cuando se le podría obviar. No se trata de no tener ego o prescindir de su uso, sino de aprovecharlo, dominarlo, y no dejarse dominar por él.

Desafío, agresividad, fuego

Pintar, afirmaba Picasso, es libertad. Si saltas, puedes caer en el lado errado de la cuerda; pero si no eres capaz de asumir riesgo alguno, e incluso de romper tu cuello, qué tan bueno es lo que haces. No saltarás de ninguna forma.

Tienes que hacer que la gente se despierte. Revolucionar la forma en la que ven las cosas. Tienes que crear imágenes que no acepten. Hacer que les salga espuma de la boca. Forzarlos a entender que están viviendo en un mundo muy extraño. Un mundo que ya no es seguro. Un mundo que ya no es lo que ellos piensan que es.

Y continúa: "Mucha gente habla acerca de qué tanta realidad hay en el Cubismo. Ellos no entienden que no es una realidad que puedas tomar en tus manos. Es algo más parecido a un perfume, que está frente a ti, detrás de ti, a tu lado. La esencia está en todas partes, pero no te das cuenta de dónde viene".

"El artista debe conocer la forma mediante la cual convence a otros de la verdad de sus mentiras. Y el hombre estará tan convencido como el artista". Picasso inventó esa realidad tanto en su vida como en su arte, y las palabras fueron parte de ese proceso de autocreencia.

Yo no soy uno de esos artistas que va en la búsqueda de un tema, como lo hace un fotógrafo. Pero está claro que la guerra estuvo presente en algunas de las pinturas que hice. Un pintor debe crear lo que experimenta. Una obra de arte debe despertar un sentimiento en el corazón de la persona que la mira. No debe ser algo que se mire por encima o no produzca nada, por el contrario, debe estremecer y sacudir de su letargo a quien la contempla.

El cubismo es un movimiento artístico que tiene por patrón la descomposición de la realidad a través de figuras geométricas. Picasso y Georges Braque son sus principales representantes. Leyendo la historia de Picasso, es entendible que una mente como la suya, es más, una vida como la suya, agitada y poco ortodoxa, hubiese derivado en un movimiento así. "Ningún cerebro cuerdo" hubiese permitido o propulsado un movimiento artístico de tal naturaleza. Por ejemplo, nadie hubiese pensado que un Matisse hubiese fundado el cubismo. El historiador de arte William Rubin describió a Picasso como "posiblemente el más grande psicólogo del siglo xx, el doctor español que reemplazó al doctor vienés". Y es que Picasso puso en el lienzo el dolor y la furia que Sigmund Freud había revelado entre sus pacientes en Viena, dando una expresión visual a la violencia que el famoso psiquiatra austriaco había descubierto en su consultorio.

Coco Chanel, de quien hablé en *Menos miedos, más riquezas*, y Picasso, fueron amigos. Coco conoció a Picasso en una de las fiestas de moda, y confesaría haber estado arrastrada, de inmediato, por una pasión hacia él. "Él era malvado. Era fascinante como un gavilán, me causaba miedo. Lo sentía cuando él llegaba; algo se marchitaría dentro de mí. Ahí estaba. Aún no lo había visto, pero sabía que estaba en el salón. Y luego, lo descubriría. Tenía una forma de mirarme que me hacía temblar". Coco se había convertido en una marca de distinción que le permitía vivir lujosamente en un apartamento, en París, que para Picasso estaba abierto todo el tiempo, fuere de día o de noche. Ella, incluso, había dispuesto una habitación para él cuando quisiera estar allí. Y Picasso la admiraba profundamente; su astucia, la visión que tenía y su gran talento, que le habían permitido convertirse en un referente de la alta sociedad parisina, proviniendo de una cuna campesina y pobre, quedando huérfana y luego criada en un convento. Su espíritu desafiante lo atraía. En cierta ocasión, Coco estaba en el teatro, y mirando a todas las mujeres con sus recargados vestidos manifestó: "Las vestiré de manera simple, y de negro". Ella lo hizo y, en el proceso, se convirtió en multimillonaria, y a su marca en un nombre familiar en el mundo.

Haz lo que te apasiona, *siempre hasta el final*

Después de una operación de próstata, y otra de hepatitis, Picasso estaba pintando de nuevo, a sus 85 años, en diciembre de 1966, hasta dos lienzos por día, y todo ello mientras estudiaba con intensidad a Rembrandt, el mejor pintor holandés del siglo XVII. Pero eso aún parecía poco para él. Entre enero de 1970 (es decir, a sus 88 años) y marzo de 1972, realizó 156 grabados, 40 de ellos inspirados en trabajos de otro colega suyo, el pintor Edgar Degas. Cuando cumplió 90 años, el regalo de parte del Gobierno francés fue poner ocho de sus pinturas en la Grand Gallery, del Museo del Louvre. Estando de buen humor, tal acontecimiento le generaba comentarios como estos: "Estaré colgado en el Louvre; ¿crees que los otros pintores se pondrán furiosos y se levantarán de noche para expulsarme de allí?". Cuando se encontraba de malhumor, expresaba: "¿Y qué desean que les diga por el regalo? ¿Gracias? Esto no cambia nada, no tiene importancia en absoluto".

Picasso diría a André Malraux, novelista y político francés: "Yo no necesito tener un estilo, porque mi rabia se convertirá en el principal factor de estilo de nuestro tiempo". Y así fue.

William James
Irreverencia conceptual

Una definición nueva, flexible y utilizable de la verdad es el mayor aporte de este personaje, que desafió tanto formas como fondos, lo que no es poca cosa. Quizá alguno, o ningún pensador del siglo pasado, ha ejercido una influencia tan profunda y amplia como James. Su obra *The Principles of Psychology* (1890) sigue siendo un clásico. James era norteamericano y fue predominante en la filosofía europea en el primer cuarto del siglo XX. Aunque tenía deudas intelectuales (que reconocía), anticipó o influyó tanto en el existencialismo como en la fenomenología de la que en parte brotó. Su observación de la naturaleza del pensamiento y la percepción influenció a su hermano Henry James, a su alumna Gertrude Stein y a muchos otros escritores. Fue el pragmatismo de James lo que dio impulso a pioneros estadounidenses de la sociología. Que muchos teóricos lo acusen de falta de rigor, inconsistencia filosófica y simpatía por los fenómenos religiosos es un indicio importante de su relevancia contemporánea: desconfiaba de la metodología académica por ser escueta y limitante en sus efectos. Era de temperamento artístico y utilizaba cualquier material que tuviera a mano sin considerar las convenciones. Era un ecléctico tolerante que prestaba igual atención a todos los aspectos de la experiencia. Su odio por la pedantería y la monotonía es una cualidad peculiarmente moderna. La formulación de James de su filosofía del pragmatismo llegó relativamente tarde, en 1898; pero sus principios fundamentales están presentes en todo su pensamiento, y no hay base para la acusación de que fue inconsistente como pensador (incluso si se puede demostrar que no desarrolló un sistema estrictamente filosófico, lo cual no deseó hacer en ningún caso). La génesis de este pragmatismo, en la experiencia tanto nacional como personal, nos ayuda a comprender su significado y su enorme atractivo. James tenía una personalidad fuerte, inquieta, excitable y volátil, de tipo maniaco-depresivo; sus "vaivenes" lo llevaron, a lo largo de su vida, a hablar demasiado y pensar muy rápido, con el resultado de que se hundió en profundas depresiones. Ingresó en la Facultad de Medicina de Harvard y se licenció en 1869, pero nunca ejerció. En cambio, se convirtió en instructor de fisiología en esa universidad en 1872. Permaneció allí durante los siguientes treinta y dos años: primero como fisiólogo, luego como psicólogo y finalmente como filósofo.

El desafío a *lo tradicional*

El principal motivo filosófico de James puede describirse de varias maneras. Consideraba que las investigaciones de los filósofos idealistas sobre la naturaleza de la verdad eran una pérdida de tiempo y, peor aún, de energía humana, y quería prescindir de ellas. Sobre todo, como psicólogo, deseaba que la filosofía fuera algo útil para la gente. Al mismo tiempo, vio que, cuando la mayoría de las personas piensan que están pensando, están reafirmando sus prejuicios, por tanto, no rechazaría de plano ningún conjunto de dogmas, más bien, daría una nueva, flexible y útil definición de la verdad.

Lo realmente importante no es si esta creencia es verdadera o no (en el sentido filosófico o, incluso, religioso), sino si resultarán buenas o malas consecuencias de ella. La pregunta que siempre debemos hacernos es "¿Cómo funcionará mi creencia para mí y para los demás?".

Nuestras creencias o teorías son instrumentos que utilizamos para resolver nuestros problemas. La verdad, para James, no es lo que filósofos como Platón sostenían: que era una entidad independiente de la experiencia humana. No existe el pensamiento puramente desinteresado. Por tanto, la prueba definitiva para nosotros de lo que significa una verdad es la conducta que dicta o inspira; en pocas palabras, esta observación es el pragmatismo de James. Las cosas, por supuesto, fluyen de tal concepto: la fe en un hecho puede ayudar a crear el hecho. Pero, si lo dejamos así (como hacen muchos de los críticos de James), entonces es un burdo kit de donde también pueden fluir cosas malas: la Inquisición, el fascismo o cualquier otra cosa que reconozcamos como malvada, puede muy bien parecer que funciona por un tiempo.

Pragmatismo como religión

James era miembro de la familia intelectual más ilustre de los Estados Unidos, fue ampliamente aclamado como el filósofo más importante del país, el primero de sus psicólogos y un defensor del pluralismo religioso. Como apóstol del pragmatismo, su influencia en el pensamiento es tan fuerte ahora como siempre. El énfasis de James en el poder creativo de la fe, la voluntad y la acción, su apertura de la filosofía al aire fresco de la experiencia ordinaria, su fascinación por formas alternativas de creencia y estados de consciencia y su impaciencia con los dogmas de cualquier tipo hacen de él un defensor de la experiencia individual, que le valió un lugar junto a Emerson y Whitman como exponente de la cultura democrática estadounidense.

James se inició en la filosofía y rápidamente se impacientó con las tradicionales investigaciones metafísicas sobre la naturaleza de la verdad. Le parecía que la filosofía estaba envuelta en un elaborado juego de construcciones imposibles de verificar. Todo esto fue muy diferente de la efectividad práctica del mundo que nos rodea. Para escapar de la mística de la filosofía tradicional, creó dos dispositivos de desmitificación. El primero fue separar la "psicología" de la filosofía mental y tratarla como una ciencia de laboratorio en lugar de una especulación semántica. Esto lo logró con la publicación del libro citado *The Principles of Psychology*. Su segundo dispositivo de desmitificación fue el concepto extraordinariamente simple de pragmatismo. La noción básica había venido de Charles Peirce, quien había dicho que una verdad solo es discernible desde el punto de vista de sus consecuencias examinables. James llevó esto mucho más lejos y construyó sobre ello la filosofía del pragmatismo, que sustituyó la "utilidad" por la verdad. En lugar de decir "Esto es cierto, debería ser útil", James sugirió que deberíamos decir "La verdad de esto se mide por su utilidad". Estaba interesado en la diferencia que se haría si algo resultara verdadero o falso. Si no hubiera una diferencia práctica, entonces no podría importar si la proposición era verdadera o falsa. Insistió en que la verdad debe medirse por la conducta que inspira o dicta.

La voluntad de creer y otros ensayos de filosofía popular, de James, presentan el argumento liberador de que cada uno de nosotros tiene derecho a creer en hipótesis que no son susceptibles de prueba y que tales creencias podrían cambiar el mundo. Es clara la convicción de James de que la verdad se puede descubrir tanto en el curso de los ensayos de la vida cotidiana como en las actividades de la ciencia o de la especulación filosófica. Pragmatismo a toda costa fue su legado.

Elon Musk

Sobre Musk, fundador de Tesla, PayPal, SpaceX, entre otras empresas, se ha escrito mucho, y no pretendo repetir lo ya dicho del que posiblemente sea el más grande emprendedor de las últimas décadas. Más bien, me mueve el afán de estudiar la génesis de su irreverencia y brillantez, cómo se fue desarrollando tan particular forma de pensar y actuar a lo largo de los años y qué implicó para él y para el planeta entero su estilo único. Cuáles fueron esos hábitos, esa herencia cultural y familiar, los insumos que fueron moldeando su mentalidad para emprender, y así lograr tantas cosas que queremos alcanzar.

La tozudez y la determinación son algunas de las mayores virtudes que tiene Musk y que él aprecia en los demás. Admira profundamente a la gente que no se da por vencida ante una negativa o lo que muchos podrían rotular de fracaso. Esa tenacidad con la que fija objetivos imposibles lo han convertido en una celebridad en Silicon Valley, donde personas de la talla de Larry Page, cofundador de Google, se refieren a él con gran respeto, y los emprendedores principiantes tratan de emularlo tal y como en el pasado buscaban imitar a leyendas como Richard Branson o el mismo Steve Jobs. "Mi mentalidad es la de un samurái", dice Musk, "Me haría el harakiri antes de darme por vencido". Es algo así como triunfar o morir, pero jamás rendirse.

Momentos *difíciles*

Sus compañeros de clase lo recuerdan como un chico agradable, callado y del montón. Había cuatro o cinco compañeros a los que se consideraba los más brillantes, mencionó Deon Prinsloo, quien se sentaba detrás de Musk en algunas clases. La falta de interés de Musk por los deportes lo aisló en un entorno obsesionado con el atletismo en su natal Sudáfrica. "Sinceramente, nada indicaba que fuera a ser multimillonario. Nunca destacaba en nada. Me asombra ver hasta dónde ha llegado", afirmó otro compañero, Gideon Fourie. Y es que, en palabras de Musk:

Me llegué a hacer esta pregunta: qué calificaciones necesito para llegar donde quiero. Algunas asignaturas obligatorias, como la de idiomas africanos, para mí no tenían el menor sentido y me parecían ridículas, así que sacaba un aprobado y ya está. En asignaturas como física o informática obtuve las calificaciones más altas. Tenía que haber un motivo para que me esforzara al máximo. Si conseguir una A no tenía sentido, prefería jugar videojuegos, escribir programas y leer libros.

Musk ha sido un tipo especialmente obsesivo desde sus comienzos. En distintas entrevistas, suele dejar en claro que, durante aquel periodo de su vida, su juventud, se le ocurrieron algunas grandes ideas. Sabía que internet, las energías renovables y el espacio eran tres campos que experimentarían cambios significativos en los años siguientes y tres mercados en los que podría dejar una profunda huella. "Hay que intentar que el mundo sea un lugar mejor, porque lo contrario no tiene sentido. Aspirar a la mejora colectiva de la humanidad es lo único que lo tiene", afirma Musk. "No soy inversor. Me gusta crear artefactos tecnológicos que creo que son útiles e importantes de cara al futuro".

Desde que era un niño poseía un rasgo de carácter que resultaba muy llamativo: su obsesión por la lectura. Parecía tener siempre un libro entre las manos. No era nada raro que leyera diez horas diarias,

dice Kimbal, su hermano. Los fines de semana podía leer dos libros al día.

A menudo, cuando la familia iba de compras, se daban cuenta de que él se había esfumado. Sus hermanos lo encontraban en la librería más cercana, sentado en el suelo y completamente sumido en la lectura.

Excentricidad y *locura*

Los intereses altruistas de Musk no han reñido con sus excéntricos gustos y su particular estilo de vida. Como lo afirma Ashlee Vance en su biografía sobre Musk:

Con 27 años de edad, a Elon le había costado menos de una década dejar de ser un mochilero de Canadá (vivió en ese país) para convertirse en un multimillonario. Su fortuna, 22 millones de dólares, lo habían llevado de compartir vivienda con tres personas a comprarse un apartamento de 170 metros cuadrados y renovarlo. Además, adquirió un McLaren F1 de un millón de dólares y un pequeño avión a hélice que aprendió a pilotar. Musk acogió con agrado la fama que había tenido como parte de la escena de los millonarios de Internet. Permitió que CNN se presentara a las siete de la mañana en su hogar para filmar la entrega del vehículo. Un camión negro y de 18 ruedas se situó ante la residencia de Musk y descargó en la calle el McLaren F1 mientras Musk presenciaba la escena boquiabierto. "Hay 62 McLaren en todo el mundo, yo voy a ser el propietario de uno de ellos", dijo. "No puedo creer que esté ahí. Es absolutamente increíble". Parecía fascinado por su propia vida. Habló sobre la venta de Zip2, su empresa. "Ganar dinero es así, quiero decir, se trata solo de un montón de billetes. Podría comprarme una de las Bahamas y convertirla en mi feudo personal, pero me interesa mucho más tratar de construir y crear una nueva empresa", sostuvo.

Lo que separa a Musk del resto de los mortales, afirma Ed Ho, antiguo ejecutivo de Zip2 y cofundador de X.com, "es que está dispuesto a asumir riesgos personales inauditos. Cuando haces negocios como él, o ganas dinero o acabas durmiendo bajo un puente". Y no todo es cuestión de mentalidad e inspiración, es también transpiración y sacrificio. En la primera década del siglo XXI, a la gente le gustaba presumir de la cantidad de horas que trabajaba, y Justine, su exesposa, se reía al oírlos, consciente de que su marido había vivido una versión aún más extrema de aquel estilo de vida de lo que se podía la gente imaginar. "Tenía amigas que se quejaban de que su pareja volviera a casa a las siete u ocho de la noche. Elon volvía a las 11:00 p. m. y seguía trabajando. No todo el mundo entiende los sacrificios que hizo para llegar a donde ha llegado".

Hay algo que siempre destaco en mis conferencias: la importancia de la adversidad como maestra de vida y el fuego purificador del sufrimiento. Musk fue hijo de padres separados; soportó un atroz *bullying* en la escuela; fue despedido de una empresa que creó, X.com; sufrió malaria, que lo llevó al borde de la muerte; se separó de su primera mujer, y vivió en carne propia la pérdida de un hijo. Es claro que no la tuvo fácil. Es más, esas dificultades marcaron su carácter y se encargaron de esculpirlo, convirtiéndolo en quien es hoy.

La misma Justine declararía lo siguiente: "Elon es un hombre férreo. Creció en una cultura severa (muy alimentada por el maltrato psicológico de su padre) y en unas circunstancias difíciles. Tuvo que volverse muy duro, no solo para prosperar sino para conquistar el mundo. No quiere criar a unos hijos blandos, superprivilegiados y sin dirección". Esas palabras las ratifica Antonio Gracias, inversor de Tesla y de SpaceX, quien sostiene:

Jamás he conocido a nadie con su capacidad de trabajo y de resistencia a la tensión. Las cosas a las que tuvo que hacer frente en 2008 habrían destruido a cualquiera. Elon no solo sobrevivió, sino que siguió trabajando y no perdió el norte. La mayoría de las personas sometidas a una alta presión se desquician y toman malas decisiones. En cambio, él no puede ser más racional. Nunca pierde la capacidad de tomar decisiones acertadas a largo plazo. Cuanto peor se ponen las cosas, más se crece. Cualquiera que fuera testigo de lo que superó, acabó respetándolo aún más. Jamás he conocido a nadie con su capacidad de sufrimiento.

Tesla, la compañía que fundó y que produce autos eléctricos, salió a bolsa en junio de 2010. Las acciones subieron un 41% en su debut. Los inversores no prestaron atención a las pérdidas de US$ 55,7 millones en 2009, ni a los más de US$ 300 millones que Tesla había gastado en siete años. La oferta pública de venta fue la primera de un fabricante de automóviles estadounidense desde que Ford salió a bolsa en 1956. Aun así, la competencia siguió tratando a Tesla como a un "irritante perro salchicha con tendencia a morder tobillos".

El director general de Nissan, Carlos Ghosn, aprovechó la circunstancia para recordarle al público que "Tesla era una empresa endeble y que la suya tenía planes para fabricar medio millón de automóviles eléctricos en 2012". En 2020, Tesla alcanzaría el valor de mercado más alto de la historia para fabricante de automóviles alguno, mientras que Ghosn se escondía, evitando ser capturado, a causa de sus problemas con la justicia. Así es la vida.

Los empleados rasos suelen describir a Musk con sentimientos encontrados. Veneran su determinación y respetan su nivel de exigencia. También creen que puede ser duro hasta el extremo de parecer cruel y, a menudo, se muestra caprichoso. Quieren estar cerca de Musk, pero también temen que cambie de repente su postura respecto de algo, y no les gusta que cada encuentro con él sea una posibilidad de acabar en la calle. "El peor rasgo de Elon, con mucha diferencia, es, en mi opinión, la absoluta falta de lealtad y de empatía", afirma un exempleado entrevistado por Vance para su biografía. "Muchos hemos trabajado sin descanso para él durante años y nos hemos visto arrojados a la acera como un desperdicio cualquiera sin que se lo pensara dos veces".

¿Y la *familia*?

A Musk le preocupa que sus hijos no lo hayan pasado tan mal como él. Así como lo lees. Tiene la sensación de que el sufrimiento lo ha ayudado a ser quien es y le ha proporcionado su enorme fuerza de voluntad.

En la escuela pueden tener alguna dificultad, pero en estos tiempos las escuelas son muy sobreprotectoras. Si insultas a alguien, te mandan a casa. Cuando yo iba a la escuela, si alguien te pegaba un puñetazo y no sangrabas no se le daba mayor importancia, e incluso, si había un poco de sangre, pero no demasiada, no pasaba nada. ¿Qué puedo hacer con mis hijos? ¿Crearles dificultades artificiales? ¿Cómo se hace eso? El mayor conflicto que hemos tenido ha sido racionarles el tiempo dedicado a los videojuegos, porque si fuera por ellos estarían jugando constantemente. La regla es que deben pasar más tiempo leyendo que con los videojuegos. Tampoco pueden dedicarse a juegos que sean completamente estúpidos. Hace poco descargaron uno llamado Cookies o algo por el estilo. Se trata literalmente de dar toques a una puta galleta. Es como un experimento de primero de psicología. Les hice borrar el juego. En vez de eso tuvieron que jugar a Flappy Golf, que es como Flappy Bird, pero al menos interviene algún concepto de física.

Musk ha dicho de sí mismo:

Soy obsesivo-compulsivo por naturaleza. En lo relativo a ser un imbécil o a cagarla, soy tan capaz como cualquier otro, y de algún modo tengo la piel más dura gracias a todo el tejido cicatricial [vaya término interesante]. Lo que me importa es ganar, y no a pequeña escala. Dios sabe por qué; probablemente sea algo que se sustente en algún agujero negro desagradable psicoanalítico o en algún cortocircuito neuronal.

Amelia Earhart

La mujer no podía estar por fuera de la irreverencia y la genialidad. Hay muchas que le hacen honor a esa doble condición. Quise evocar, primero, a una que llenó de brillo las páginas del atrevimiento y la valentía: Amelia Earhart, aviadora. A Amelia "la conocí en Washington, por casualidad, en un museo", y desde entonces se convirtió en mi amiga y en referente de atrevimiento y avidez para competir consigo misma, en busca de pulverizar marcas y establecer listones cada vez más altos. Es uno de los personajes femeninos más conocidos e importantes del siglo xx. Su infancia estuvo marcada por problemas familiares. Su padre carecía de estabilidad laboral, tenía problemas con el alcohol y los viajes eran una constante, por eso, Amelia pasó buena parte del tiempo con sus abuelos maternos. Desde niña, mostró una personalidad inquieta y desafió los convencionalismos de la época. Su real interés por la aviación tuvo su génesis en una visita a un campo del Cuerpo Aéreo Real, mientras era enfermera voluntaria en un hospital de Toronto durante la Primera Guerra Mundial. A los 24 años compró su primer avión, por US$700, con la ayuda de su madre, al que bautizó El Canario. Charles Lindbergh, quien volara de Nueva York a París por primera vez en 1927, hecho que lo convirtió, de paso, en un héroe nacional, fue inspiración para Amelia.

Pronto dio señas de su carácter feminista, haciendo un álbum de recortes de prensa con las noticias de mujeres exitosas en campos que, tradicionalmente, se habían considerado de hombres. De este hecho, habla en sus memorias, *Por el placer de hacerlo* (1932), asegurando que "por desgracia creció en una época en la que se esperaba que las niñas se comportaran como niñas". Sin embargo, esto no frenó su carácter aventurero y se negó a aceptar el papel que la sociedad le había asignado por el simple hecho de ser mujer. Amelia no solo se convirtió en todo un fenómeno de masas (impulsado por su esposo, George Palmer Putnam, hombre de medios y de notables relaciones públicas), sino que realizó hazañas que superaban lo que la sociedad de entonces esperaba de ella (lo que no es poca cosa). Promovió los valores que resaltaban la igualdad y demostraban lo alto que podía llegar una mujer si se lo proponía. "Inténtalo siempre; si fracasas, que ese fracaso le sirva de inspiración a otras mujeres para intentarlo de nuevo".

Su carrera como piloto la llevaría a ser una heroína en los Estados Unidos y un referente en el resto del mundo. Hoy, a más de ciento veintitrés años de su nacimiento, la recordamos como la primera mujer en sobrevolar el Atlántico, sola, el 20 de mayo de 1932, y como una feminista de fuertes convicciones, capaz de batir marcas en la aviación y situarse, literalmente, a la misma altura que el hombre. Intentando una de esas proezas, nada menos que darle la vuelta al mundo, Amelia perdió la vida en 1937.

Ayn Rand

Individualismo, razón y capitalismo son las palabras que más caracterizan a Ayn Rand.

Esta novelista y filósofa decía, en uno de los libros *top 10* de mi lista de favoritos: *For the New Intellectual* (y que resume la esencia de su filosofía):

A lo largo de los siglos hubo hombres que dieron sus primeros pasos por nuevos caminos, armados con nada más que su propia visión. Sus objetivos eran diferentes, pero todos tenían en común que el paso era el primero, el camino nuevo y la visión no prestada, y ¿cuál fue la respuesta que recibieron? El odio. Los grandes creadores, entiéndase pensadores, artistas, científicos e inventores, se enfrentaron solos a los hombres de su tiempo. Cada gran pensamiento nuevo fue opuesto. Cada gran nuevo invento fue denunciado. El primer motor se consideró tonto. El avión se consideró imposible. El telar mecánico se consideró vicioso. La anestesia se consideró pecaminosa. Pero los creadores siguieron adelante; combatieron, sufrieron y pagaron el precio. Pero ganaron. Ningún creador fue impulsado por el deseo de servir a sus hermanos, porque sus hermanos rechazaron el regalo que él ofrecía, y ese regalo destruyó la rutina perezosa de sus vidas. Solo viviendo para sí mismos fueron capaces de lograr cosas que son gloria para la humanidad. Su verdad era su único motivo; su propia verdad y su propio trabajo para lograrlo a su manera. Su visión, su fuerza y su coraje vinieron de su espíritu, que es sí mismo, cada uno de ellos.

Si has estado en mis conferencias, recordarás que, cuando me presentan, a Rand la citan como una de las personas que más han influido en la manera en la que veo la vida (excepto que ella era atea, y yo creyente), y la economía en particular. Rand nació en San Petersburgo, Rusia, en 1905. Debió emigrar a los Estados Unidos luego de que la Revolución bolchevique de 1917 dejara a su familia sin negocio y sin dinero.

Rand escribía novelas desde los 10 años y guiones de películas desde los 8. Era partidaria de un mercado libre y desregulado, de la separación del Estado y la economía, así como defensora del *laissez faire laissez passer* (dejar hacer, dejar pasar) de tiempo completo. Rand sostenía, como lo citáramos en las páginas dedicadas a Churchill, que el capitalismo exige lo mejor de cada hombre, su racionalidad, y, en consecuencia, lo recompensa. Deja a cada ser libre para elegir el trabajo que le gusta, especializarse en él, cambiar su producto por los productos de otros y llegar tan lejos en el camino del logro como lo lleve su capacidad y ambición. Su éxito depende del valor objetivo de su trabajo y de la racionalidad de quienes reconocen ese valor. Cuando los hombres son libres de comerciar, con la razón y la realidad como únicos árbitros, cuando ningún hombre puede usar la fuerza física para obtener el consentimiento de otro, es el mejor producto y el mejor juicio el que triunfa en todos los campos de la actividad humana y eleva el nivel de vida, y de pensamiento, cada vez más alto para todos aquellos que participan en la actividad productiva de la humanidad.

Rand estableció un código de moralidad basado en la razón, no en la fe. "El más alto objetivo moral del hombre es alcanzar su propia felicidad, y así, ni debe vivir para otros ni sacrificar su propia vida por la de otros, ni su felicidad por la de otros; los otros son los responsables de alcanzarla por sí mismos", sostenía. No estaba de acuerdo con el amor indiscriminado. "¿Cómo es eso de amar a todo el mundo? El amor se debe ganar con méritos, ser merecedor de ese amor. No esperes lo inmerecido: ni en el amor, ni con el dinero, ni con lo espiritual".

Sus principales obras, cuyo mensaje central compendio a continuación, presentan su filosofía: el objetivismo.

Anthem (Himno)

Se publicó por primera vez en Inglaterra en 1938. Su tema es el significado del ego del hombre. Proyecta una sociedad del futuro que ha aceptado el colectivismo total con todas sus últimas consecuencias (colectivismo que deploraba y que, proféticamente, denunció como peligro para el mundo entero):

> Los hombres han recaído en el salvajismo y el estancamiento primitivos; la palabra "Yo" se ha desvanecido del lenguaje humano, no hay pronombres singulares, un hombre se refiere a sí mismo como "nosotros" y a otro hombre como "ellos". La historia presenta el redescubrimiento gradual de la palabra yo por un hombre de mente intransigente.

El siguiente extracto emana de su declaración sobre lo que descubrió:

> Yo soy. Yo pienso. Voy a… ¿Qué debo decir además? Estas son las palabras. Esta es la respuesta. Estoy aquí en la cima de la montaña, levanto la cabeza y extiendo los brazos. Este, mi cuerpo y mi espíritu, es el final de la búsqueda. Quería saber el significado de las cosas. Yo soy el significado. Quería encontrar una orden judicial para ser. No necesito ninguna garantía de ser, ni una palabra de sanción sobre mi ser. Soy el orden y la sanción. No sé si esta tierra en la que estoy parado es el núcleo del universo o si no es más

que una mota de polvo perdida en la eternidad. No lo sé y no me importa. Porque sé qué felicidad es posible para mí en la tierra. Y mi felicidad no necesita un objetivo superior para reivindicar. Mi felicidad no es el medio para ningún fin. Este es el final. Es su propio objetivo. Es su propio propósito. Tampoco soy el medio para ningún fin que otros deseen lograr. No soy una herramienta para su uso. No soy un sirviente de sus necesidades. No soy un vendaje para sus heridas. No soy un sacrificio en sus altares. No debo nada a mis hermanos, ni cobro deudas con ellos. No le pido a nadie que viva para mí, ni yo vivo para los demás. No codicio el alma de nadie, ni mi alma es de ellos codiciar. No soy ni enemigo ni amigo de mis hermanos, sino lo que cada uno de ellos merece de mí. Y para ganarse mi amor, mis hermanos deben hacer más que haber nacido. No concedo mi amor sin razón, ni cualquier transeúnte casual que desee reclamarlo. Honro a los hombres con mi amor. Pero el honor es algo que se gana […] Elegiré amigos entre los hombres, pero ni esclavos ni amos. Y elegiré solo a los que me agraden, y los amaré y respetaré, pero ni mandaré ni obedeceré. Y juntaremos nuestras manos cuando queramos, o caminaremos solos cuando así lo deseemos. Porque en el templo de su espíritu, cada hombre está solo. Que cada hombre mantenga su templo intacto y sin limar. Luego, que se una a los demás si lo desea, pero solo más allá de su umbral sagrado.

Porque la palabra "Nosotros" nunca debe ser pronunciada, salvo por elección propia y como un segundo pensamiento.

Esta palabra nunca debe ubicarse en primer lugar dentro del alma del hombre, de lo contrario se convierte en un monstruo, la raíz de todos los males de la tierra, la raíz de la tortura del hombre por los hombres, y de una mentira indecible.

La palabra "Nosotros" es como cal que se derrama sobre los hombres, que se endurece en piedra, y aplasta todo lo que hay debajo, y lo blanco y lo negro se pierden por igual en el gris de la misma. Es la palabra por la cual los depravados roban la virtud, por la cual el débil roba el poder del fuerte, por la cual los necios roban la sabiduría de los sabios. ¿Cuál es mi sabiduría, si hasta los tontos pueden dictarme? ¿Cuál es mi libertad, si todas las criaturas, incluso las mediocres y las impotentes, son mis maestros? ¿Qué es mi vida, si solo me inclino, estoy de acuerdo y obedezco? Pero he terminado con este credo de corrupción. He terminado con el monstruo de "Nosotros", la palabra de servidumbre, de saqueo, de miseria, falsedad y vergüenza. "Y ahora veo el rostro de Dios, y levanto a este Dios sobre la tierra, este Dios a quien los hombres han buscado desde que los hombres nacieron, a este Dios que les conceda felicidad, alegría y orgullo. Este Dios, esta única palabra es: "Yo".

The Fountainblue (El manantial)
Salió al mercado en 1943. Curiosamente, Rand vio cómo doce editores rechazaron publicarla antes de que viera la

luz. Individualismo versus colectivismo, no en política, sino en el alma del hombre; las motivaciones psicológicas y las premisas básicas que producen el carácter de individualista o colectivista. La historia presenta la carrera de Howard Roark, un arquitecto e innovador que rompe con la tradición, no reconoce más autoridad que la de su propio juicio independiente, lucha por la integridad de su trabajo creativo contra toda forma de posición social, y triunfa. En el libro, es magistral, por decir lo menos, y me hizo hervir la sangre, el manejo que Rand le da al altruismo y los peligros que encierra; sobre este particular (más explícitamente sobre la compasión y sus amenazas) hablé en *El día que Dios entró al banco*. Sugiero leer ese capítulo con sumo cuidado, paladeándolo, salvo que, sin darte cuenta, seas devorado por lo que denomino parásitos financieros, y que ello no te importe. Rand, por cierto, mencionaba el término *parásitos* en distintas entrevistas que analicé preparando este libro, dato anecdótico y a la vez curioso. Sobre altruismo, Rand afirmaba sin eufemismos:

> El altruismo es la doctrina que exige que el hombre viva para los demás y los ponga por encima de sí mismo. Ningún hombre puede vivir para otro. A los hombres se les ha enseñado todos los preceptos que destruyen a quien crea y produce valor [a quien ella llamaba creador]. A los hombres también se les ha enseñado la dependencia como una virtud. El hombre que intenta vivir para los demás es un dependiente, es un parásito, y convierte en parásitos a aquellos a quienes sirve. La relación no produce más que una corrupción mutua. El enfoque más cercano en realidad, para ese

hombre que vive para servir a los demás, es el de esclavo. Si la esclavitud física es repulsiva, ¿cuánto más repugnante es el concepto de servilismo del espíritu? El hombre que se esclaviza voluntariamente en nombre del amor es la más vil de las criaturas. Degrada la dignidad del hombre y degrada la concepción del amor. Pero esta es la esencia del altruismo.

No se puede dar lo que no ha sido creado; la creación viene antes que la distribución, debe precederla, o no habrá nada que distribuir. La necesidad del que crea y aporta valor (creador) se antepone a la necesidad de cualquier posible beneficiario.

Sin embargo, se nos enseña a admirar al que no ha producido nada, al que solo recibe los regalos, más que al hombre que los hizo posibles. Alabamos un acto de caridad, pero nos encogemos de hombros ante un acto de logro.

¡Wow! Identificación total.

Atlas Shrugged (*La rebelión de Atlas*)

Esta novela se publicó en 1957. Su tema central es el papel de la mente en la existencia del hombre y, como corolario, la demostración de una nueva filosofía moral: la moralidad del interés propio racional. La historia muestra lo que le sucede al mundo cuando la mente se pone en huelga, cuando los hombres con capacidad creativa, en todas las profesiones, renuncian y desaparecen. Para citar a John Galt, personaje del libro:

> Solo hay un tipo de hombres que nunca han estado en huelga en la historia de la humanidad. Todos los demás tipos y clases se han detenido, cuando así lo han querido, y han presentado demandas al mundo, que dice ser indispensable, excepto los hombres que han llevado el mundo sobre sus hombros, lo han mantenido vivo, han soportado la tortura como único pago, pero nunca han abandonado a la raza humana.

El dinero no comprará la felicidad para el hombre que no tiene claro lo que quiere. El dinero no le dará un código de valores, si ha evadido el conocimiento de qué valorar, y no le proporcionará un propósito, si ha evadido la elección de qué buscar.

El dinero no comprará inteligencia para el tonto, ni admiración para el cobarde, ni respeto por el incompetente. El hombre que intenta comprar el cerebro de sus superiores para que lo sirvan, con su dinero reemplazando el error de juicio, termina convirtiéndose en víctima de sus inferiores. Los hombres de inteligencia lo abandonan, pero las trampas y los fraudes vienen en tropel hacia él, atraídos por una ley que no ha considerado mala.

Gracias, Ayn. ¡Gracias! Te transformaste en 1982; pero no has muerto, y que nunca mueras. Eres mi amiga, por inspirarme, compartir tiempo mientras leo tus libros y veo tus videos, y ayudarme a ser mejor. Eso es amistad. Tu amigo, Juan Diego.

6.

ORATORIA Y PROSA

La verdadera elocuencia no consiste en hablar. La concepción clara, el alto propósito, la firme determinación, el espíritu intrépido, radiante en los ojos, que informa de cada rasgo e insta a todo ser hacia adelante, hacia su objetivo, eso sí es elocuencia. Acción noble y sublime. Acción divina.

La palabra es magia, una poderosa herramienta para el irreverente y el genio. Te comunicas durante todo el día. ¿Qué tal si llenas de placer e ingresos ese día, expresándote mucho mejor?

El *arte* de hablar

Si hablar, como cocinar, cantar, escribir, pintar o esculpir, puede ser un arte, ha de perfeccionarse y tratarse como arte. No cualquiera que habla es un artista, ni cualquiera que cocine, cante, escriba, pinte o esculpa lo es. Hay personas que hablan para hacerse entender mientras que otras cocinan siguiendo una simple receta. Unas más rayan un papel, cantan en el baño o habrá quienes amasen la arcilla. Pero quizá no son artistas. Qué hago del instrumento, de la palabra, del alimento, de la música, de la pintura o de la arcilla, para producir una emoción, a partir de una expresión estética, es arte para mí. "El arte es un ejercicio de reacción", diría un amigo galerista.

Imagina esto en un libro. Ingredientes: "Dos limones, una cucharada de azúcar, una tasa de agua y pimienta al gusto". ¿Esa receta es arte? No, para mí. ¿Cocinar es un arte? Puede serlo. No es la actividad la que importa, es lo que hagas con ella. Suficiente ilustración. Harás magia y producirás resultados extraordinarios cuando entiendas que no se trata de llenarse, sino de comer. Que no se trata de hablar, sino de sentir y paladear las palabras que pronuncias, y con un fin: persuadir, deleitar, conmover, inspirar. El arsenal de la retórica. Que hablar sea un placer, no una necesidad o un simple verbo en acción.

Cinco consideraciones para una *oratoria arrolladora*

1. **Ten un propósito potente para hablar mejor,** una motivación nivel 10. Esa motivación se puede vestir de tener más seguidores en redes sociales, comunicar tu emprendimiento, cumplir con el sueño de ser un gran orador o vender mejor tu producto. Debe haber un motivo, una razón o ancla poderosa para comunicarte con mayor brillo de lo que lo haces hoy. Solo haremos algo muy bien cuando encontremos una razón suprema para hacerlo.

2. **Los demás.** Hay muchos con temores para hablar en público. Solo pensar en que tienen que pedir la palabra para dirigirse a un auditorio es motivo suficiente para transpirar, temblar y querer que la misma tierra se parta en dos y los trague. El qué puedan pensar las otras

personas es la razón principal para no hablar. Es un auto-saboteo, pues, en muchas ocasiones, ni se les critica, ni se les pone atención a lo que dicen. Todo está en la mente de quien va a expresar su punto de vista, no en la realidad. Ahora bien, supón que se ríen o te critican por hablar mal. ¿Qué pasa con eso? Nada. Al menos hablaste y te atreviste, tus críticos solo fueron espectadores, la masa tímida que no tuvo las agallas que tú sí. Y tengo una gran noticia que darte: cuanto más practiques, mejor te irá. ¿Cómo vas a permitir que lo que tienes para decir no vea la luz, simplemente porque alguien, digno de poco y ejemplo de nada, pueda criticarte?

3. **Leer.** Leer no tiene reemplazo para expresarte mucho mejor. Leer te da palabras para usar, historias para contar, referencias para comparar, inspiración para sentir, seguridad para llegar a las personas. Y no hay excusas.

Jamás vuelvas a decir que no te gusta leer, que no tienes tiempo, que te quedas dormido cuando lees o que algún día serás un buen lector. Mira la historia, por favor. Grandes lectores, convertidos en referentes: Sor Juana Inés de la Cruz, George Bernard Shaw, Michel de Montaigne, Ralph Waldo Emerson, Facundo Cabral, Jorge Luis Borges, Warren Buffett, Bill Gates, Elon Musk, Robin Sharma.

A Bernard Shaw (como le gustaba que lo llamaran), por ejemplo, le preguntaron una vez si creía que el Espíritu Santo había escrito la Biblia. Y contestó: "Todo libro que vale la pena de ser releído ha sido escrito por el Espíritu". Jorge Luis Borges lo complementaría:

> Es decir, un libro tiene más allá de la intención de su autor. La intención del autor es una pobre cosa humana, falible, pero en el libro tiene que haber más. *El Quijote*, por ejemplo, es más que una sátira de los libros de caballería. Es un texto absoluto en el cual no interviene, absolutamente para nada, el azar.

Montaigne, por su parte, decía: "No hago nada sin alegría". "El concepto de lectura obligatoria es un concepto falso [lo leí de Borges]. Si encuentro un pasaje difícil en un libro, lo dejo, porque la lectura debe ser una forma de felicidad". Emerson, quien coincidía con Montaigne, afirmaba:

> Una biblioteca es una especie de gabinete mágico. En ese gabinete están encantados los mejores espíritus de la humanidad, y esperan a que abramos el libro, entonces, ellos despiertan y salen de su mudez. Podemos contar con la compañía de los mejores hombres que la humanidad ha producido, pero no los buscamos y preferimos leer comentarios, críticas y no vamos a lo que ellos dicen.

Borges, que asemejaba esas bibliotecas que refería Emerson a una suerte de paraíso, les decía a sus estudiantes "que tengan poca bibliografía, que no lean críticas, que lean directamente los libros; entenderán poco, quizá, pero siempre gozarán y estarán oyendo la voz de alguien". Y continuaba:

> Yo sigo jugando a no ser ciego. Yo sigo comprando libros.
> Yo sigo llenando mi casa de libros. Cuando me regalaron
> una edición del año 1966 de la *Enciclopedia Brockhaus*, yo
> sentí la presencia de ese libro en mi casa, la sentí como una
> suerte de felicidad. Se dirá ¿qué diferencia puede haber
> entre un libro y un periódico o un disco? La diferencia es
> que un periódico se lee para el olvido, un disco se oye asi-
> mismo para el olvido, es algo mecánico y por tanto frívolo,
> pero un libro se lee para la memoria.

Ya sabes que si "el quiero" es fuerte, "el puedo" es real. Si quieres la gloria, ser un gran lector es posible. Leer nos brinda muchas posibilidades para expresarnos bien. He traí-do las reflexiones que acabas de leer sobre libros y lecturas, de verdaderos referentes, para alimentar sentencias obvias: oyes hablar mal a alguien y de inmediato infieres que carece de educación y, por supuesto, de libros. La lectura que nutre mi propósito de vida y que me aporta valor es la inversión más rentable que he realizado. No puedes ser un buen escri-tor, por ejemplo, si no eres un buen lector.

4. **El tono.** Imprescindible herramienta de la comunicación. Más importante que las mismas palabras. Los grandes oradores lo utilizan para imprimirle a su mensaje mucha más fuerza y emotividad. El tono debe usarse según estos tres casos: primero, cuando quieres enfatizar en algo; segundo, para hacer reaccionar a tu audiencia; tercero,

cuando el sentimiento es intenso. Por ejemplo, cuando hablo del modo hervir y de la energía, subo el tono, para que así rime con las palabras. Es esencial que sientas lo que dices, la pasión con la que hablas. Siéntela por dentro para que se manifieste por fuera. La audiencia percibirá si lo que dices brota de tu corazón o si se trata de un mensaje postizo.

5. **Escuchar.** Tiene mucho que ver con hablar. Solemos ser malos para escuchar: interrumpimos, nos desconcentramos, miramos el celular. Por favor, no hagas eso. No interrumpas a nadie. Ponte en la piel de tu interlocutor y hazle preguntas sobre lo que te dijo. Te verán como alguien empático y que se interesa por los demás, así, agradarás, y quedará allanado el camino para que cuando hables te escuchen. No existe nada más afrodisiaco que alguien que te escucha con total atención. Alguien que te escuche así es un diamante, escaso y misterioso.

Consejos adicionales para una *oratoria arrolladora*

Lenguaje corporal

Cierra los ojos cuando hables con el corazón. Sonríe, apela al humor fino, sin abusar, para distensionar el ambiente. Ponte la mano en el pecho cuando sientas profundamente lo que dices. Mira a los ojos. Nunca desvíes la mirada, pensarán que estás mintiendo si lo haces. Observa todos los sectores de tu auditorio como señal de respeto. Abre tus brazos y muestra las palmas de tus manos, es un símbolo de transparencia y congruencia.

Lleva el tema de conversación adonde seas más *fuerte*

El irreverente no se limita al tema que le proponen, sino que tiene la capacidad de migrar a otros en los que se desenvuelve mejor. ¿Cómo hacerlo? Utilizando palabras como: "Yo asocio", "Tu pregunta me recuerda…", "Eso que dices me suena similar a…". Es llevar el tema que se está tratando a tu campo de acción, a otro escenario en el que te desenvuelvas mejor. Cuando hablas de lo que conoces y en lo que tienes experiencia, tu discurso es más fértil y llega con facilidad. Ronald Reagan, expresidente de los Estados Unidos, tenía esa habilidad. Sin percatarse, la persona que te hizo una pregunta y que ahora se maravilla con lo que le dices, ya ni siquiera recuerda aquello que te preguntó. Está hechizada.

No temas pronunciar palabras emocionalmente *fuertes*

Inmortal, surrealista, leyenda, epifanía, mágico, milagroso, épico, deleite, fastuoso, orgásmico, conmovedor, fascinante, sensual, magnánimo, púrpura, trascendente, contundente, poderoso, mastodóntico, sublime, voraz, monumental, descomunal, colosal, magno, alucinante, demoledor, aplastante, demoniaco, miserable, diabólico, terror, mortal, escalofriante, siniestro, fatídico, visceral, sanguíneo, crudo, aterrador, dantesco, apocalíptico, desgarrador, lapidario. Y muchas otras…

Las palabras con alto contenido emocional permiten vender mucho más. Mira estos dos titulares de cualquier tabloide londinense, por ejemplo:

212 MANUAL PARA IRREVERENTES

> "Inglaterra derrotó a Alemania 4 a 0 en fútbol".

> "Inglaterra aplastó a Alemania y cobró revancha".

¿Sientes lo mismo con los dos titulares? No, ¿verdad? El segundo es polémico y roza el amarillismo, claro. Pero no prescindas de ellos, pues alteran emociones y vendes más. La polémica vende, las palabras fuertes se recuerdan, agitan tu interior.

Invierte en *oratoria*

En cierta ocasión, le preguntaron a Anthony Robbins: "¿Cuál ha sido la mejor inversión de tu vida?". Él respondió: "Pagar treinta y cinco dólares por un curso de tres horas de Jim Rohn, al que asistí con diecisiete años". Le dio muchas vueltas hasta decidirse a gastar ese dinero, afirma Tim Ferriss en su libro *Titanes*, porque Robbins ganaba solo US$ 40 a la semana haciendo de conserje. Pero Jim le señaló a Robbins la dirección de su vida. Décadas después, cuando le preguntó a Warren Buffett lo mismo, la respuesta fue: "Un curso para hablar en público, de Dale Carnegie", que hizo con 20 años. Previamente, Buffett habría vomitado antes de hablar en público. Después del curso, se dirigió de inmediato a la Universidad de Omaha, en Nebraska, y solicitó ejercer la docencia, porque no quería que el tiempo le devolviera sus viejos hábitos. Según cuenta Robbins, Buffett le manifestó: "Invertir en ti es la inversión más importante que puedes hacer en la vida. Nunca habrá una inversión financiera comparable, porque, si desarrollas más destreza, más capacidad, eso será lo que realmente te dará la libertad económica. Son esas capacidades las que lo hacen realmente posible". ¿Qué tan bien hablas en público y qué tanto estás invirtiendo para mejorar esa faceta de tu vida?

Persuasión

La retórica se define desde el punto de vista de su objetivo: la persuasión. Como la dialéctica, la retórica no es una ciencia y, por tanto, no tiene un tema específico, un método único, ni un conjunto adecuado de principios. Es la facultad o el poder de observar en un caso dado los medios de persuasión disponibles. Según Aristóteles, hay tres modos de persuasión que un orador puede ejercer: primero, el poder persuasivo de su propio carácter; segundo, la excitación de las emociones deseadas en la audiencia, y tercero, la prueba o prueba aparente, alcanzada con la consideración de argumentos lógicos, que son la forma y la esencia de la persuasión. Una declaración es persuasiva y creíble, ya sea porque es directamente evidente por sí misma, ya sea porque parece demostrarse a partir de otras declaraciones que lo son. Por ello, el ejemplo es una inducción retórica. En cualquier caso, es persuasivo, porque hay alguien a quien persuade.

Referentes

Aquí te presento algunas reflexiones complementarias, alimentadas por la oratoria de cuatro referentes exitosos. Solo cuatro entre los estudiados y modelados para mejorar como orador.

Jesucristo

En un libro sobre Borges, llamado *Borges esencial*, leí un comentario del místico William Blake que decía: "Jesucristo fue un gran artista; y lo fue, porque hablaba por medio de las parábolas, y estas son expresiones estéticas, un arte". En efecto, Jesús era un maestro de las parábolas, las metáforas y las anáforas (palabras que se repiten en un verso u oración; un arma retórica muy útil). "Cuando sus discípulos vinieron a él, en la montaña, Jesús de Nazaret pronunció el discurso más famoso y duradero de la cristiandad. Casi 2000 años después, el código moral contenido en el sermón de la montaña sigue siendo el fundamento de la moral occidental".

Bienaventurados los pobres de espíritu, porque de ellos es el reino de los cielos. Bienaventurados los que lloran, porque ellos serán consolados. Bienaventurados los mansos, porque ellos heredarán la tierra. Bienaventurados los que tienen hambre y sed de justicia, porque serán saciados. Bienaventurados los misericordiosos, porque alcanzarán misericordia. Bienaventurados los puros de corazón, porque verán a Dios. Bienaventurados los pacificadores, porque ellos serán llamados hijos de Dios. Bienaventurados los que padecen persecución por causa de la justicia, porque de ellos es el reino de los cielos. Bienaventurados sois cuando los hombres os injurien y os persigan, y hagan maldad contra vosotros falsamente, por mi causa.

¿Qué vemos en las palabras de Jesús? Esperanza, un mejor futuro les espera. Vemos también empatía, siempre tener claro a quién nos dirigimos, qué esperan con nuestro mensaje, qué sienten y viven las personas que están ahí, frente a ti.

Tu auditorio no es un número ni una masa amorfa que no siente. Es corazón y mente. Llégales a ese corazón y a esa mente. Que sientan que los tuviste presentes preparando tu mensaje y que serán mejores después de escucharte.

Martin Luther King, Jr.

Observa a continuación estas líneas que destaco de uno de los mejores discursos de la historia, pronunciado por Martin Luther King, Jr., el 28 de agosto de 1963, en el Lincoln Memorial de Washington D. C.

Tengo un sueño; que un día vivirán en una nación donde no serán juzgados por el color de su piel sino por el contenido de su carácter. ¡Yo tengo un sueño hoy! Tengo un sueño que un día todo valle será exaltado, y toda colina y pendiente de montaña se rebajará; los lugares ásperos se allanarán y los lugares torcidos se enderezarán, y la gloria del Señor será revelada [...] Esta es nuestra esperanza. Esta es la fe a la que volveré. Con esta fe seremos capaces de tallar de la montaña de la desesperación una piedra de esperanza, para transformar las discordias de nuestra nación en una hermosa sinfonía de hermandad. Con mucha fe seremos capaces de trabajar juntos, orar juntos, luchar juntos, ir a la cárcel juntos, defender la libertad juntos, sabiendo que, algún día, seremos libres. Y este será el día en el que todos los hijos de Dios podrán cantar con un nuevo significado [...] Que suene la libertad, desde las prodigiosas cimas, desde las poderosas montañas, desde cada colina y desde cada ladera [...] Cuando permitamos que suene la libertad, los hijos de Dios podrán unir nuestras manos y cantar con las palabras [...] Libres al fin, libres al fin. Gracias a Dios todopoderoso, al fin somos libres.

Cuáles características resalto del discurso: parte de una historia común y difícil, de un pasado que se siente, que lejos está de cicatrizar. Hay esperanza también en las palabras. Hace ver lo que la gente quiere tener, conseguir y vivir. Desborda pasión e invita a la acción, a lo que hay que hacer. Hay repetición de palabras (las anáforas, palabras emocionales y continuas). Existe una marcada convicción en lo que se habla y un propósito común. La causa de Martin Luther King, Jr. es la causa de su público, una identidad manifiesta, y algo muy importante: termina dando por sentado que lo que quieren es ya una realidad.

John F. Kennedy

Kennedy sintetiza la importancia de las frases con alto contenido emocional y, también, juntar rápido las palabras en las que se quiere hacer énfasis, invaluables armas retóricas. En su discurso de posesión, en 1961, se expresaba así:

Nunca debemos negociar por miedo. Pero nunca debemos tener miedo a negociar. No preguntes qué puede hacer tu país por ti; pregunta qué puedes hacer tú por tu país. Ciudadanos del mundo: no pregunten qué pueden hacer los Estados Unidos por ustedes, sino qué podemos hacer juntos por la libertad del hombre.

En esa misma línea, habló también el ya citado Luther King, Jr. en *I Have a Dream* y, de igual forma, en otro memorable discurso el día antes de ser asesinado: *I've Been to the Mountaintop* (He estado en la cima de la montaña), y en el que repetía la expresión *"But I would not stop there"* (pero no me detendría ahí). El expresidente Ronald Reagan, llamado "el gran comunicador", también lo hacía al repetir la frase: "Dame un reto, y lo enfrentaré con alegría", el 28 de enero de 1986, cuando pronunció su discurso sobre la tragedia del Challenger, y en el que expresaba la tristeza del pueblo estadounidense y, a la vez, el valor y el compromiso que había asumido la tripulación para encarar ese gran desafío espacial que terminó de manera trágica.

Winston Churchill

Ya lo dijera Churchill hablando de oratoria: "La plena capacidad retórica no se otorga ni se adquiere, ha de cultivarse. La particular personalidad y talento del conferenciante emanan de su naturaleza, pero su desarrollo depende del estímulo que le procura la práctica. El orador es real; la retórica parcialmente artificial".

El orador es la encarnación de las pasiones de la multitud y, antes de que le sea dado provocar las lágrimas

de cuantos le atienden, será preciso que él mismo rompa a sollozar. Para convencer al público, él mismo ha de creer en lo que dice. Puede caer a menudo en la contradicción, pero jamás ha de ser deliberadamente falso.

Su retórica fue fenomenal y es considerado, con razón, como uno de los mejores oradores de la historia. *Palabras pulcramente escogidas* (hacía énfasis en las que más emoción generan, lo que debes tener muy presente), *frases de cuidada estructura* (acudiendo a cuatro adjetivos consecutivos antes de mencionar un sustantivo, por ejemplo), *acumulación argumental, empleo de analogías y de anáforas, despliegue de excentricidades.* Los cinco mimbres retóricos del mayor orador de su generación (repásalos de nuevo). Y es que a sus 23 años había acertado a identificar esos cinco aspectos de la retórica susceptibles de provocar emociones en el corazón humano y en el transcurso de las cuatro décadas siguientes se dedicó a perfeccionarlos. Me atrevo como lector de su vida y obra a sumar dos armas adicionales importantes: *el gran sentido del humor que poseía y su pasión y vehemencia al hablar*, ninguna cosa distinta de lo que llevaba por dentro.

Churchill afirmaba: "A quien estudia la elocuencia se le permite acariciar la esperanza de que la naturaleza le revele, al fin, y gracias

a la observación y a la perseverancia,
las claves del corazón humano".

La historia del orador

Esta es una corta historia que quiero conozcas, y necesito conozcas, para tu bien, creo. Ni más ni menos, es un testimonio de vida, construida para llevar hasta la tumba:

Una competencia, en apariencia desigual, se da entre dos oradores: Pedro y Juan. Pedro, es el mejor orador del planeta. Un avezado orador, dueño de una fecunda y abundante prosa, amo de la palabra. Es experimentado como el que más, y no había escenario de renombre en el que no se hubiere presentado. Al otro lado estaba Juan, un joven y entusiasta orador; estudioso y determinado, pero aún con un mundo por descubrir. Los dos tienen una competencia, de lunes a viernes, y existe un jurado para decidir quién es el ganador. La competencia es muy simple: todos los días, y por espacio de una hora, cada uno realizará una presentación para deleitar a ese jurado; retórica en su máxima expresión (arte para mí).

Empieza la competencia. Son las 8:00 a. m. del día lunes y Pedro comienza a hablar, el experimentado orador. Transcurre la hora y corresponde ahora el turno a Juan, el principiante, el aprendiz. Como era de esperarse, a las 10:00 a. m. y habiendo hablado ya cada uno, el jurado se pronuncia: "Esta ronda le ha sido favorable a Pedro. Te felicitamos, Pedro, eres toda una leyenda y aquí no has hecho sino confirmar lo que augurábamos". Juan, humilde y constante, felicita a Pedro, y solo espera a que sean las 8:00 a. m. del otro día. Llega el día martes y se repite la historia: a las 8:00 a. m. habla Pedro y a las 9:00 a. m. hablará Juan. Pedro habla, como siempre, de manera brillante; es elocuente, enérgico y rico en palabras. Juan habla por espacio de una hora. A las 10:00 a. m. el jurado da su veredicto. De nuevo, se impone Pedro. Solo hay una diferencia con respecto al día anterior: Juan le solicita al jurado que lo dejen practicar durante varias horas, allí mismo, en el auditorio, para llegar mejor preparado el día miércoles. El jurado aprueba su petición, y le dicen: "Por supuesto, Juan, adelante, el auditorio es tuyo, de hecho, encontrarás en la parte posterior un espejo frente al cual puedes mirarte y practicar, y así depures lo que vas a decir mañana". Juan se queda varias horas practicando para estar a la altura de un competidor tan fuerte como Pedro.

Llega el día miércoles. A las 8:00 a. m. aún no había llegado Pedro; transcurren 10 minutos y tampoco llega; solo a las 8:30 a. m. Pedro irrumpe en el auditorio. Al ser toda una leyenda, el jurado se muestra condescendiente con su impuntualidad y solo se limita a decir: "Adelante, Pedro, te escuchamos". Pedro habla durante una hora. Juan, por el contrario, había llegado desde las 7:30 a. m., pese a que solo le correspondía hablar a las 9:00 a. m. Mientras hablaba Pedro, Juan lo miraba, lo analizaba, tomaba nota, examinaba sus gestos, su lenguaje corporal, su comunicación no verbal, su entonación; en fin, tantas cosas que definen a un buen orador. De nuevo, la historia se repite. Al finalizar el día miércoles, Juan vuelve y le dice al jurado: "¿Puedo permanecer más tiempo en este auditorio? La verdad, no quiero dejar de practicar. Sé que he perdido una nueva ronda. Qué grande es Pedro, pero deseo seguir entrenando, quiero perfeccionar mi técnica, quiero seguir mejorando. ¿Quién dijo miedo, finalmente?". "Claro que sí, Juan, por supuesto, le indica el jurado, quédate las horas que quieras".

Llega el día jueves. Se suponía que Pedro, y como era costumbre, empezaría a hablar a las 8:00 a. m. Pedro no llega. A Juan le corresponde hablar. Solamente por practicar, y dado que no tenía que competir con nadie, excepto consigo mismo, Juan empieza a dar muestras claras de su tenacidad, de su disciplina, de su compromiso, de esas horas en las que recorría la milla extra, de su progreso. El jurado lo empieza a notar y le dice: "Juan, hoy no tuviste competidor dado que Pedro no se presentó, no sabemos qué pasó con él y, por ende, esta ronda te pertenece. Hoy, ganaste tú".

Es viernes, el momento de la verdad, la prueba máxima. Para sorpresa de los presentes, Pedro llega en evidente estado de embriaguez. El jurado le dice: "Pedro, ayer te estuvimos esperando, no llegaste, cuéntanos qué pasó". Pedro dice, con una evidente hinchazón de soberbia y desparpajo, como a quien nada le importa: "Desde el miércoles ando de fiesta. Quizá me he pasado de copas y la verdad es que ayer me desperté muy tarde, me quedé dormido y no pude venir; pero vamos, hoy estoy aquí y sé que mi talento bastará; además, tengo mucha experiencia y me impondré sin dificultad alguna". Pedro habla de 8:00 a. m. a 9:00 a. m. Ahora, es el turno de Juan, quien, pareciendo otro ser, imbuido de total confianza, lleno de energía, revestido de una luz que se le desconocía y dispuesto a comerse al mundo, pronuncia durante una hora lo que podríamos calificar de magia pura, una auténtica epifanía, y embelesa al jurado, que, sorprendido ante lo que atestiguó, debe escoger entre uno u otro, Pedro o Juan. Se reúnen tras la presentación de cada orador y dan el veredicto: "Pedro, tu trono como mejor orador del planeta le pertenece a otro". Pedro, con ira y mal humor, dice: "¿Cómo es posible? Yo soy el mejor orador", y dirigiéndose a Juan, continúa: "Este es solo un principiante que hoy tuvo suerte. ¿Cómo voy a perder?". El jurado le responde: "No lo sabemos, Pedro, no lo sabemos; pero quizá la disciplina de Juan, su cumplimiento, la determinación que posee, recorrer la milla extra y practicar hasta el cansancio han hecho de él otro orador, otra persona. El triunfo le pertenece.

¿Sabes qué, Pedro? Sentimos que ganaste las batallas, pero Juan ganó la guerra".

Alguna moraleja o enseñanza de esta historia del orador habrá de desprenderse:

Puedes empezar de muy abajo. Puedes ver a otros con más talento del que tienes, con más historia, con más triunfos, con más fama; pero nada reemplaza el poder de la disciplina, de la repetición, de la tenacidad, de hacer más de lo que te piden, con pasión, con determinación, y estar ahí, todos los días, practicando, practicando, y volviendo a practicar, para convertirte en el mejor.

"Felicitaciones, Juan. La gloria es tuya, te pertenece". ¡Que esa sea tu historia! Un infinito agradecimiento doy en este punto a Demóstenes, ese gran orador griego, al que tuve oportunidad de referirme en *Menos miedos, más riquezas*, como inspirador en estos temas. Demóstenes partió de condiciones muy difíciles, pues era tartamudo, pero, pese a ello, su dedicación y disciplina lo convirtieron en una leyenda en el arte de la oratoria. Acabas de leer la historia del orador, construida por mí, con todo el amor, para que la pongas en práctica.

Solo hasta luego

Churchill, quien espero que ya sea tu amigo, y quien fue Premio Nobel de Literatura en 1953, diría diez años antes, al recibir el premio literario del *Times*:

Escribir un libro es una aventura. En un primer momento la tarea se asemeja a un juego, a una diversión; después se transforma en una amante; luego se convierte en un amo; alcanza más tarde la categoría de tirano; y, por último, en la fase final, en el preciso instante en el que se encuentra uno apunto de aceptar la servidumbre impuesta, el autor termina por matar al monstruo.

Considero, terminando *Manual para irreverentes*, que hay que profesar el máximo respeto por un libro. El libro se ha mirado tantas veces en el espejo antes de ver la luz que lo mínimo que merece es un cumplido apenas pise la calle. El escritor, primero lo sueña, luego lo moldea en su mente y, más tarde, lo abandona, por fatiga o desespero. Sin pedir perdón alguno, lo retoma, vuelve y lo esculpe, lo brilla con esmero y se lo muestra al espejo, una vez más, y este lo refleja. Irrumpe allí un personaje, el editor, quien mira incrédulo el libro, con inquisidores ojos y sangre congelada, y lo quiere llegar a amar, aunque por lo pronto lo castigue las veces que fuere necesario. Y cuando el amor finalmente llega, el libro visita la imprenta y se hace libro, aunque ya lo fuera. Luego, huele el asfalto y prueba la vitrina, solo para comprobar que apenas su escrutinio comienza, el de aquel que ni lo soñó, ni lo moldeó, ni lo abandonó, ni lo amó, ni lo castigó: aquel que lo compró. El mismo que lo abre, el mismo que lo lee, el mismo que sin sonrojo o pudor alguno fija su cruel sentencia: "Quizá yo hubiera escrito algo mejor".

A pesar de esa cruda posibilidad, termino esta obra feliz por haber compartido una filosofía de vida y no haberme ahorrado nada. No existe mayor alegría que hacer aquello que crees que debes hacer, sin importar las consecuencias. El precio que se paga por ello puede ser alto, y transitará por la soledad, la crítica y la misma incomprensión. Pero la recompensa valdrá la pena: una vida única para muchos, para quienes escribí este libro, lo que no es poca cosa. Nuestra unicidad es el mayor regalo y, a la vez, la mayor victoria.

Quiero que una vez que finalices este libro me escribas a **juandiego@invertirmejor.com** diciéndome cómo te pareció y dando cuenta de tu progreso. Personalmente respondo este tipo de correos. En modo hervir, me despido y hasta que nos conozcamos.

Juan Diego Gómez Gómez